倍 あなたの資産が倍になる

金融動乱に打ち勝つ「常勝投資術」

植草一秀
KAZUHIDE UEKUSA

EXPERT REVIEWS OF THE BEST INVESTMENT STRATEGIES 2018

ビジネス社

まえがき

２０１７年10月は、この年の最重要の節目の月になった。

日本では第48回衆議院議員総選挙が実施された。「森友・加計疑惑」で追い詰められた安倍首相だったが、選挙直前に小池百合子東京都知事が「希望の党」を創設し、ここに民進党の前原誠司代表が拙速な合流を主導して民進党が分裂。反安倍政権票が分散して安倍政権与党の自公が漁夫の利を得て、衆院3分の2議席を維持することになった。ただし、政策路線が不明確だった民進党の分裂により、今後の野党陣営の政策方針が純化されて、安倍政権にとっての脅威が拡大する可能性がある。

一方、中国では第19回共産党大会が開催されて新たな中国政治最高幹部が選出された。最大の特記事項は、57歳以下の常務委員が選出されなかったことだ。5年後の中国トップ候補が示されなかったことは、習近平氏が２０２２年以降もトップに君臨し続ける可能性を強く示唆している。

また、米国では２０１８年2月に任期が切れるＦＲＢ議長人事について、トランプ大統領が決断を示す。２０１８年の世界の金融市場はＦＲＢを軸に変動すると考えられ、このことに最大の影響を与える重要決断が示されるわけだ。

２０１７年版の本シリーズで、「日経平均株価2万３０００円、ＮＹダウ2万ドル時代へ！」と明記したが、この予測通りの現実推移になった。ゼロ金利時代が継続するなかで、個人の資産運用で高いリターンを確保することが至難の状況が続いている。このなかで資産防衛を図り、さらに資産倍増を実現するにはどうしたらよいのか。その疑問に本書が明確な回答を示す。

必要なことは３つ。

第一は内外の政治経済金融変動について正確な情報を入手し、近未来の変化を正確に読み抜くこと。

第二は資金運用戦略を成功させる極意を完全にマスターすること。

第三は実績と信頼に支えられた真の実力を有する水先案内人を持つこと。

この３つを確保すれば、資産防衛、資産運用は格段の進化を遂げることになるだろう。

本書、ならびにＴＲＩの情報とメソッドを最大限に活用して、あなたの資産防衛と資産倍増計画を確実にグレードアップしていただければ、筆者としてこれに勝る喜びはない。

２０１７年10月

植草一秀

第3章　トランプ政権の正体

第4章　難局に差し掛かるＦＲＢ

第5章　強化される中国習近平体制

第6章　資産倍増への極意

第7章　第3次産業革命の進展

第8章　日本株価の決定要因

第9章　2017年金融変動の真相

第10章　アベノミクスとの向き合い方

第1章　２０１８年の大波乱

日米中、国内政局の曲がり角

２０１７年10月22日、第48回総選挙が実施された。２０１２年12月に第２次安倍政権を発足させた安倍晋三首相が、２０２１年までの長期政権実現を目指して実施した総選挙である。安倍首相は２０１９年10月に消費税率を10％に引き上げることを前提に、その増税による歳入増加を教育無償化などに充当することについて国民に信を問う選挙だと位置付けたが、説得力に乏しい解散の大義であった。

２０１７年６月18日に会期末を迎えた通常国会では、森友学園、加計《かけ》学園に関する安倍首相の情実行政運営、政治私物化問題が厳しく追及された。また、通常国会の最終局面では、共謀罪の創設が最大の与野党対立の審議議題になった。犯罪行為と犯罪結果があって初めて処罰するというのが、日本の刑法の根本原則であるが、共謀罪は、犯罪行為も犯罪結果もない段階での行為を〝犯罪〟とするものであり、国内法の基本原則を破壊するものである。共謀罪が創設されれば、恣意的な運用で無実の市民が犯罪者に仕立て上げられる危険がさらに拡大するとともに、一般市民が常に警察当局の監視下に置かれる状況が生まれることが懸念されるため、野党勢力が強い反対意思を示した。

ところが、安倍政権は参議院の委員会での採決を飛ばして、いきなり本会議での中間報告を行い、共謀罪創設を強行するという横暴極まりない議会運営を指揮した。そのうえで、森友・加計疑惑に対する説明責任を果たさぬまま、衆院を解散、総選挙に突き進んだのである。

野党は森友・加計疑惑を解明するための閉会中審査を求めるとともに、臨時国会の召集を要求した。日本国憲法第53条は、「内閣は、国会の臨時会の召集を決定することができる。いずれかの議院の総議員の四分の一以上の要求があれば、内閣は、その召集を決定しなければならない」と定めている。自民党憲法改正草案においては、この条文に期限の定めがないことについて、20日間以内に召集しなければならないことを明記している。

この自民党の見解に沿って考えれば、森友学園疑惑、加計学園疑惑を解明するために臨時国会の召集を求められた安倍政権は、速やかに臨時国会を召集しなければならない状況だったが、結局、国会召集を9月28日まで3カ月以上も先送りした。この間に安倍首相は内閣改造まで実施している。ところが、新内閣の国会における所信表明もないまま、安倍首相は9月28日に召集した臨時国会の冒頭で、衆議院の解散に踏み切ったのだ。

臨時国会が開かれれば、森友・加計疑惑に対する厳しい追及が再開される。この事態を回避するために、安倍首相は衆院解散の道を選んだのだと推察される。「もりかけ隠し解散」「政治私物化解散」と批判されたのは、このためである。

周知のように、総選挙の結果、安倍政権が維持されることになった。選挙直前に小池百合子氏率いる「希望の党」が創設され、ここに民進党が合流する話が浮上してから選挙情勢が激変。民進党の前原誠司代表がこれまでの野党共闘を一方的に破棄する行動に突き進んだため、野党の大きな結束が破壊され、反安倍政権票が分散させられた。この結果として、安倍政権与党の自公勢力が漁夫の利を得ることとなったのである。

経済・金融市場分析は政治動向と極めて深く、重大に結びついている。財政金融政策、各種構造政策が一国の経済活動に重大な影響を与え、大きな金融変動を生み出してきたこれまでの歴史的事実を踏まえても、その重要性は一目瞭然である。

この政治情勢の変化を踏まえて、2018年の経済金融変動を洞察していかねばならない。米国では2017年に新しい大統領が誕生し、その先行きが注目されているが、いまだに新しく登場したトランプ政権の足元が定まらない。そのトランプ政権が2018年には、主権者による最初の審判の機会となる中間選挙を迎える。さらに、米国経済動向を左右する最大の重要機関であるFRB（連邦準備制度理事会）が2018年に人事の年を迎える。

一方で、世界第2位の経済大国である中国で、2017年10月に第19回中国共産党大会が開催された。中国政界最高幹部を選出する5年に1度の最重要会議である。２０１２年秋に中国国家主席に就任した習近平氏が、５年の折り返し地点に到達した。これまでは、中国政界トップ、中国国家主席は2期10年で退いて、後継者にバトンを引き継いできたが、習近平氏はこの慣行を打ち破り、長期政権確立を目指していると見られる。

その動静を占う重要な節目となったのが、今回開催された第19回共産党大会であった。予想通り、習近平氏が次の共産党大会が開催される２０２２年以降も中国最高ポストを維持するための布石が打たれる共産党大会になったが、この中国が２０１８年にかけて、どのような経済変動を実現するのか。この点からもまったく目を離せない。

遅れて始まった日本株価の大反発

２０１２年12月の第2次安倍政権の発足から丸5年の時間が経過する。日本の金融市場の激動が始まったのは、２０１２年11月14日のことだ。この日、民主党の野田佳彦氏と自民党総裁に返り咲いたばかりの安倍晋三氏が党首討論を行った。この党首討論で、野田佳彦氏が衆議院を解散すると宣言したのである。

この瞬間から日本の金融市場の激動が始まった。日経平均株価は２０１２年11月14日を境に動きを激変させた。２０１０年から２０１２年にかけての3年間、日経平均株価は1万円を割

日経平均株価（直近10年）

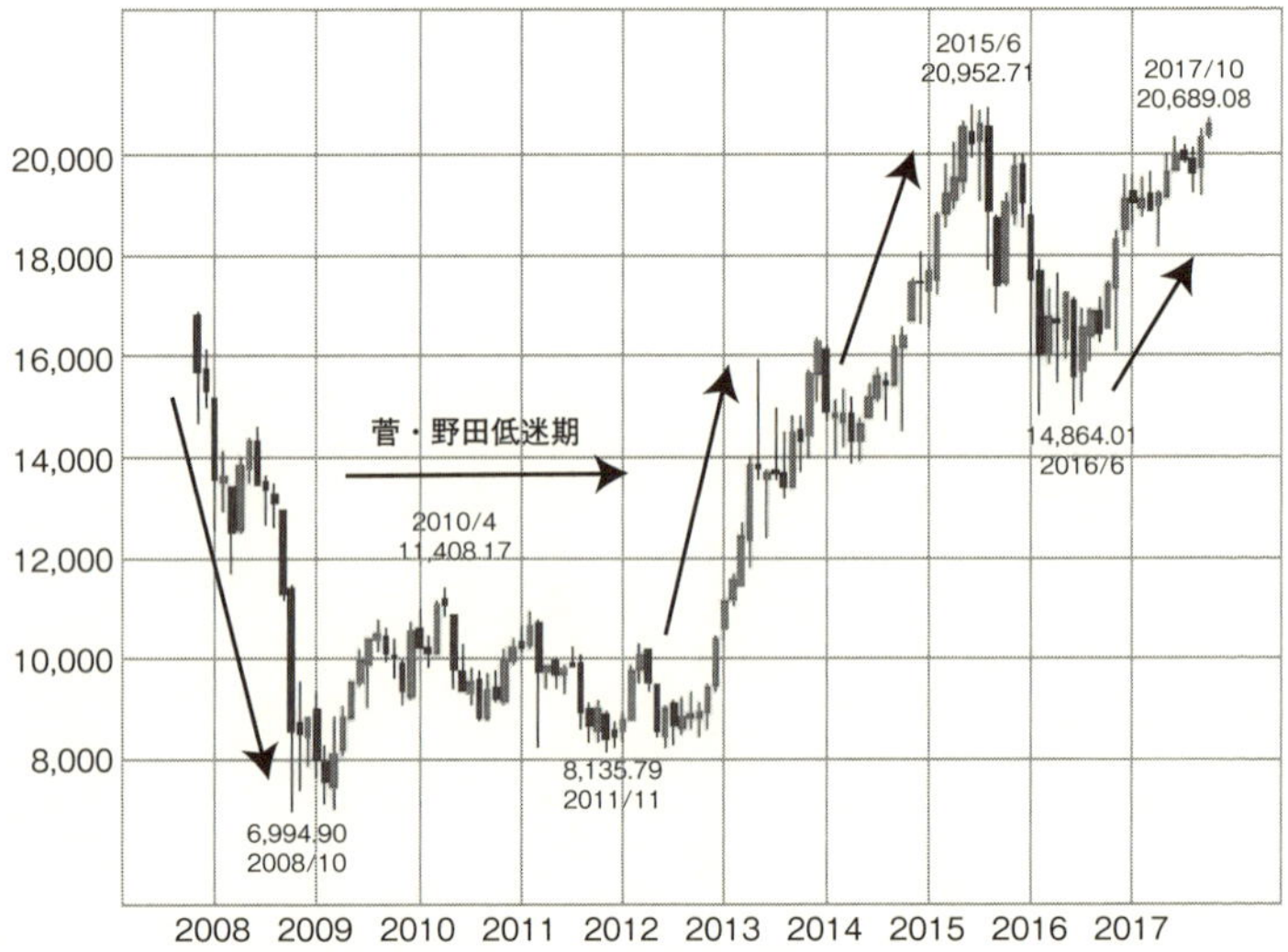

り込む水準で長期低迷を続けた。主要国の株価が２００９年３月のサブプライム金融危機後の最安値から大幅反騰を続けるなかで、日本の株価だけが３年間の長期低迷を続けたのだ。

この流れが大転換したのが２０１２年11月14日であった。筆者が執筆しているＴＲＩレポート（『金利・為替・株価特報』）においては、２０１２年10月29日発行号に「【為替】日本円の基調変化と日銀総裁人事、【概観】日本円の下落が引き起こす大きな変化、【投資戦略】為替市場の基調変化を注視せよ」のタイトルの下、政治、経済、金融の大転換の可能性を指摘した。

その記述の一部を紹介しておこう。

「日本では財務省が２０１３年の日銀総裁交代を強行に推進し始めた。一段の金融緩

ニューヨークダウ（直近10年）

和政策の実施を市場が織り込み始めたとも考えられる。構造的な変化が背景にあって日米金利が逆行している可能性を一概に否定できない」

「日本円が米ドルやユーロに対して下落基調に転じるなら、日本の株価上昇を期待できるということになる。米国株価が下落に転じても、日本円が対ユーロ、対米ドルで弱含みに転換するなら、日本株価の上昇があり得る点を考える必要がある」

「日本の投資環境としては、本号のテーマである、為替市場基調変化の『可能性』のチェックが最重要。円安基調が暫く続くなら株価の反転上昇があり得る」

政局が転換し、日銀人事がその政局転換を受けて実行され、円安誘導とそれに連動する株価反転上昇が生じる可能性を指摘し

ドイツDAX30（直近10年）

たものである。その重大変化が、11月14日の党首討論を受けて始動したのだ。

選挙で野田佳彦氏が率いる民主党が大惨敗することは自明であった。政権は自民党に返還され、第2次安倍政権が金融緩和強化、円安誘導姿勢を強める。この政策で円安が生じれば、連動して日本株価が上昇することになる。また、日本経済の超低迷をもたらしてきた主因である超緊縮財政政策運営が是正されることも日本経済の回復と、これに連動する日本株価反発をもたらすことになる。このような見通しをTRIレポートで提示していった。

果たして、2012年11月から2013年5月にかけて、ドル円レートは78円／ドルから、103円／ドルに急変し、8600円の日経平均株価が1万5600

英国FTSETM100（直近10年）

円へと急騰した。わずか半年で株価が2倍弱の大暴騰を演じたのである。

野田政権下において日本経済と日本株価が超低迷を続けた最大の理由は、野田政権が財務省主導の超緊縮財政運営を続けていたことにある。この政策は、前任者の菅直人政権が始動させたものだ。

一方、民主党が政権を奪取した2009年9月から2010年6月にかけて、鳩山由紀夫政権が存在した。鳩山政権下においては、株価上昇と景気の改善が観測されていたが、2010年6月に菅直人氏の政権が発足して以降、2012年11月まで約2年3カ月間、日本経済、日本株価の超低迷が持続したのである。

安倍政権は財政政策運営を大転換するとともに、日銀の体制を全面的に刷新し、量的金融緩和政策を大推進した。その功罪については、別途、正しく考察しなければならないが、第2次安倍政権誕生に伴う新しい経済政策運営に対する期待と現実が、日本経済、そして金融市場を激変させたのである。この事実を踏まえても、金融経済分析、さらに投資戦略構築における、政治、政局動向に関する洞察と分析は極めて重大であると言える。

2018年には日銀幹部の任期満了が到来する。さらに2019年10月には、消費税率の10%への引き上げが予定されている。国内の政局がどのように変化し、その結果として、どのような経済政策が立案、実施されるのかは、経済金融動向の洞察に際して、絶対に欠くことのできない最重要な要素の一つなのだ。

予測パフォーマンスの優劣という現実

第9章に詳述するが、2017年の金融市場変動を概観するとき、我々は極めて多くの示唆を得ることができる。2016年11月8日の米国大統領選挙において、ドナルド・トランプ氏が第45代米国大統領に選出された。圧倒的多数のメディアが、ヒラリー・クリントン氏の当選を予測して疑わなかった。しかし、現実にはトランプ氏が当選した。筆者はトランプ氏当選の可能性が十分にあるとした数少ない者の一人である。

当時、クリントン当選であればドル高・株高となり、トランプ当選なら、ドルと株価の暴落が起こると指摘されていた。事実11月9日、日本市場の取引時間中に大統領選挙の開票が進み、東京市場の寄り付きでは、クリントン当選が予想され、株価は堅調に推移したが、午前10時頃を境に株価の騰勢にかげりが生じる。筆者は米国政治サイト"Real Clear Politics"のリアルタイムの開票状況から、この時点でクリントン敗北、トランプ勝利を確信した。すると東京株式市場では、午後になってクリントン敗北、トランプ勝利の可能性を織り込み始めて株価が暴落に転じたのだ。

前日比1000円の大暴落を演じた日経平均株価だったが、その日の日本時間夜、11月9日のニューヨーク市場でニューヨークダウが上昇して取引が終了。すると、翌日の東京市場で前日比1000円高の株価反騰が生じる。結局、11月10日を転換点に日経平均株価は上昇に転じ、2017年に2万円の大台を回復した。トランプ当選ならドルと株は暴落するとした市場多数派の見解は、またしても現実の結果によって全否定されることになったのだ。

2016年6月23日に実施された、英国のEU離脱を巡る国民投票もそうだ。メディアはEU残留決定の見通しを確定的なものとして報じたが、現実はEU離脱が決定された。この決定を受けて、金融危機の再来が確実との見解が一斉に全世界で流布されたが、英国のFT株価指数は、逆に史上最高値を更新していった（P19参照）。

ポンドは下落したが、ポンド下落でメリットを受ける英国を訪問する観光客が溢れ、英国経済は堅調な推移を示した。金融市場における多数派見解を多くの人々が鵜呑みにしてしまうが、実は全くあてにならないものである。この現実が改めて印象付けられることになった。

筆者は本シリーズにおいて、各年の経済金融変動の見通しを提示してきているが、全体的な見通しにおいて、圧倒的に優れた予測パフォーマンスを示していると自負している。

現実に発生する変化、事象を事前に断定することは不可能である。現実の変化は、すべての要因が総合的に関連し合った結果として生じるものである。その予測は決して簡単なものではない。しかし、各種の予測に大きなパフォーマンスの差が生まれることも、また事実である。

予測は一種の道しるべ、水先案内人である。優れた道しるべ、水先案内人につくのか、それとも劣った道しるべ、水先案内人につくのかによって、行き先がまったく違ってしまう。資金運用、資産管理、資産防衛の終着点を〝楽園〟にするためには、優れた道しるべ、水先案内人につくことが必要だ。劣悪な水先案内人に従ってしまったばかりに〝地獄〟にたどり着いてしまっても、後の祭りでしかない。

予測の世界に絶対はない。あらゆることがらが複雑に絡み合って生じる〝現実〟。その絡まり具合の微妙な変化が、結果を大きく変えてしまうことがある。絶対はないが、相対的なパフォーマンスの平均値には大きな差異が生じる。その相対的なパフォーマンスの優位を追求することが重要なのだ。

有効な投資戦略の構築、投資パフォーマンスの向上のためには、的確なマクロ経済・金融分析と、これに立脚した金利、為替、株価の予測が必要不可欠である。AI＝人工知能技術の発展は目覚ましい。しかしながら、金融変動予測の優劣を決定する最終的な決め手は、すべての情報、状況を総合的に勘案する「総合判断力」そのものであり、その「総合判断力」は、研ぎ澄まされた感性にも依存するのだ。

この「総合判断力」という側面では、ＡＩはまだ人間に追いつかない。金融技術、投資戦略構築等の判断形成におけるＡＩの活用が進展しており、また、その成果は大いに活用するべきではあるが、金融変動全体の大きな流れを読み抜く洞察力において、ＡＩは最良の人智にはまだ及んでいない。

ここに、優れた道しるべを提供する分析予測者、水先案内人の存在意味がある。

２０１６年の金融変動予測、２０１７年の金融変動予測のいずれにおいても、市場の多数派見解は現実を読み誤った。ＡＩを活用した大半の予測も、結果において劣悪なパフォーマンスを提示したと見られる。

本シリーズの刊行は２０１３年予測から始まり、本書が第6作になるが、過去の金融経済予測が抜群の現実予測パフォーマンスを示してきたことは、バックナンバーを検証していただければ一目瞭然である。各種予測書籍のなかで随一のパフォーマンスを示し続けてきたと自負している。

現実の投資戦略構築、金融投資においては、経済金融情勢の的確で精度の高い基本観を持つことが、投資パフォーマンスを向上させる上で何よりも重要になる。金融市場変動の何をどのように見ればよいのか。そうした基礎事項を完全把握した上で金融経済変動の的確な大局観を保持する。その土台の上で、きめ細かな投資戦術を誤りなく構築、実行していく。このことによって、初めて優れた投資パフォーマンスを獲得できる。

誰を水先案内人にすべきなのか

２０１７年初においても、ニューヨークダウや日経平均株価の見通しについては、悲観的見解が多数を占めていた。

「ニューヨークダウは一時的に上昇しても、それはあくまでバブルであって持続するものでない。２００９年3月の底値から主要国の株価は暴騰を続けているのであり、大暴落は必至だ」

「中国経済と株式市場は２０１６年に一定の改善を示したが、これは政府による強引な市場介入によるものであって、巨大な不良債権問題を背景とする中国経済の崩壊は必然、時間の問題である」

「新興国、資源国の改善は一過性のものに留まり、再び世界経済はメルトダウンの方向に向かう……」

こうした悲観論が金融市場を支配していた。しかしながら筆者は、２０１７年版の本シリーズ『反グローバリズム旋風で世界はこうなる』（ビジネス社）において、日経平均株価とニューヨ

日経平均株価の推移（直近1年）

ークダウの上昇、そして世界経済の改善を予測した。同書カバー・帯には、〈日経平均２万３０００円、ＮＹダウ２万ドル時代へ！　トランプ・ショックで「成長・株高」時代到来　２０１７年、株価再躍動〉の文字を明記した。

日経平均株価の上値は、やや抑制された状態が持続したが、２０１７年を通して米国株価、日本株価は堅調に推移し、全体として世界経済の改善、新興国、資源国の浮上、そして資源価格の上昇という全体像が示現した。この全体の方向感は、前掲書が提示したとおりのものとなった。

これだけでなく、巻末所収の【注目すべき株式銘柄】15銘柄が、すべて抜群のパフォーマンスを示すとともに、ＴＲＩ

レポート＝『金利・為替・株価特報』が掲載した毎号の3つの参考銘柄も、ほぼ例外なく良好なパフォーマンスを示現している（P231参照）。

これらの表現に虚偽や誇張はない。経済金融予測、投資参考図書においては、それらのパフォーマンスが現実の数値によって表示される。逃げも隠れもできない真剣勝負の世界だ。その真剣勝負の世界における実績については、情報利用者に正確に開示、ディスクローズすることが重要である。

そして、過去の実績を検証できる検証可能性＝トレーサビリティーを提供することも重要である。この視点に立って、本シリーズでは紙幅の許す限り、過去の実績を客観データによって開示している。重要なことは、優れた水先案内人を持つことである。その案内によって行き先は天国にも地獄にもなる。情報が氾濫する現代において何よりも重要なことは、情報を選別する選球眼、鑑識眼を持つことなのだ。

2018年、世界を襲う5つの波乱リスク

2018年は、波乱に見舞われる年になると予想される。

リーマンショックが発生した2008年9月15日から10年の年月が流れる。主要国の株価指数は2009年3月9日から10日にかけて、最安値を記録した。このサブプライム金融危機の

大底から9年が経過し、主要国の株価は軒並み、2倍3倍の大暴騰を演じてきた。その株価急騰の流れが、２０１８年に大きな調整局面に直面する可能性がある。

ニューヨークダウは、２００９年3月の６４６９ドルから2万３５００ドルへと、3倍以上の株価急騰を実現した。この間、２０１１年と２０１５年にそれぞれ10％から15％の株価下落という小幅調整を演じた。この小幅調整を挟んで3次にわたる上昇波動を形成して、２０１７年末に向かっている。ドイツＤＡＸ30、英国ＦＴＳＥＴＭ１００も、ほぼ類似した株価推移を描いて、２０１７年末に向かっている（P18参照）。

日本株価だけは２０１０年から２０１２年にかけての3年間、超停滞の期間を経過した。既述したように、菅・野田超緊縮財政政策による日本経済の低迷期であった。しかし、その後は日本の株式市場においても3次にわたる上昇波動が観測され、２０１７年末を迎えようとしている。その延長上の２０１８年において、いかなる調整が待ち受けているのか。その調整の図式をあらかじめ念頭に入れておくことが、まさに「転ばぬ先の杖」になる。

２０１７年の各種波乱は、主に日本国内にその起源を有している。国会審議で最も大きな問題とされたのは、安倍政権の政治私物化問題であった。「もりかけ疑惑」に始まり「もりかけ疑惑」で幕を閉じるというのが、２０１７年の基本構図である。これに対し２０１８年は海外要因で極めて重大な変化が予想される。そこで、留意しなければならない5つのチェックポイントを提示しておこう。

第一は、北朝鮮情勢である。

2017年、北朝鮮はミサイル発射実験を繰り返し、同時に核実験も実施した。米国を射程範囲に収めるＩＣＢＭ（大陸間弾道ミサイル）の開発、そして核弾頭搭載の技術開発が急激な勢いで進行した。これに対し米国は、北朝鮮に対する軍事力での制圧も辞さない強硬な姿勢を示している。米朝軍事衝突が生じれば、言うまでもなくその影響は計り知れないものになる。

第二の注目点は、トランプ政権の行方である。

2016年の大統領選挙で、ドナルド・トランプ氏が新大統領に選出された。メディアの予想を覆す大統領選出になったが、メディアによるトランプ攻撃は、今なお続いている。過激な発言で知られるトランプ大統領が、いかなる奇策を打ち出してくるのか。メディアはトランプ攻撃を続け、その影響もあってトランプ大統領が失脚するとの見方もある。

ロシアゲート疑惑、米国第一主義、北朝鮮に対する強硬な発言、さらに、多国間貿易協定の枠組みであるＮＡＦＴＡ（北米自由貿易協定）、ＴＰＰ（環太平洋パートナーシップ協定）見直しの施策。これらがトランプ政権の命運を左右する。トランプ政権は崩壊するのか、あるいはトランプ大統領が暗殺、弾劾されるのか……。

そして2018年の最大の問題が、ＦＲＢである。ＦＲＢ執行部の任期が2018年に満了となる。この任期満了を待たず、ＦＲＢ副議長のスタンレー・フィッシャー氏が、副議長辞任の意思を表明し、2017年10月にも副議長職を辞任する。また、ＦＲＢの金融政策決定会合であるFOMC（連邦公開市場委員会）の議決権を持つメンバーが、大幅に入れ替わる。この激変するFRB、FOMCが、米国金融政策の最も難しい局面に直面するのが2018年になる。2018年を洞察する最大の焦点が、トランプ政権とFRB金融政策運営のゆくえにあると言っていい。

第三は、中国の新体制が発足したことだ。

2017年10月18日に開幕した第19回全国共産党大会において、新しい中国政治体制が確立された。この政治体制と中国の経済成長推移、経済政策運営は表裏一体の関係にある。今や世界第2位の経済大国にのし上がった中国経済、中国政治情勢を抜きに、金融予測は成り立ち得ない。

第四は、欧州情勢の重要な変化である。

2017年6月27日、ECB（欧州中央銀行）のドラギ総裁がポルトガルで開かれたECBフォーラムで、極めて重要な発言を示した。「デフレ圧力は、リフレ圧力にとって代わられた」と明言したのだ。量的金融緩和政策を推進してきたECBであるが、このECBが日本を追い越すかたちで金融緩和出口戦略に歩を進めることになる。

量的金融緩和縮小は、2017年10月以降、論議が本格化し、2018年入り後に実施に移される見通しである。欧州の金融政策の基本スタンスの転換が鮮明になり始めているが、これが為替市場、金利株式市場にいかなる影響を与えていくのか。

そして、第五の焦点は、日本の対応である。

サブプライム金融危機を受けて、２００９年春から米国が大胆な量的金融緩和政策に突き進んだ。日本では3年半遅れて、２０１２年末の総選挙を境に量的金融緩和政策の拡大が検討・実施されてきた。ＥＣＢが量的金融緩和拡大に踏み切ったのは、２０１５年のことである。米国、日本、そして欧州の順序で量的金融緩和政策拡大が実行されてきた。

ところが米国では、いち早く２０１３年5月にバーナンキＦＲＢ議長（当時）が量的金融緩和政策の縮小可能性に言及し、金融市場に「バーナンキショック」と呼ばれる大きな変動を引き起こした。その米国が量的金融緩和の縮小に着手し、次いで、ついに利上げを開始したのが２０１５年12月である。

量的金融緩和拡大を実行した時系列に従えば、量的金融緩和の出口戦略に踏み出すべき次の国は日本であるが、この日本に先行して、ＥＣＢが２０１７年10月以降、量的緩和縮小＝テーパリングに移行し始めた。世界経済の流れが転換し、ドラギ総裁が表現するところの「デフレ圧力が、リフレ圧力にとって代わられる」ことが現実のものになるならば、日銀の政策スタンス修正も〝時間の問題〟ということになる。

日銀が政策を軌道修正する際に、いかなる余波が金融市場に広がるのか。日本の長期金利は、ほぼゼロ水準で推移してきた。長期金利が極めて低位であることは、債券価格が高水準に位置していることを意味する。金利の上昇とは債券価格下落を言い換えたものである。債券価格が急落するときに、どのような余波が広がるのか。この点も見落とすことができない。

２０１７年は順風満帆だった。多くの予測者が株価暴落、金融危機を予測するなかで、本シリーズは、２０１７年の世界経済改善と内外株価の上昇を予測した。そして、現実はそのとおりになった。

その世界経済が、２０１８年にいかなる変化を示すのか。筆者は何らかの重要な波乱が、２０１８年に発生することを想定している。その波乱が大規模なものになるのか、小規模なものにとどまるのか。もちろん、まだ確定してはいない。

重要なことは、そのような種類の波乱が発生する可能性があるのを、あらかじめ想定しておくこと。そして、その波乱がどのような規模になるのかを左右するキーファクターを、あらかじめ見定めておくことだ。

その「備え」があれば、波乱が発生した場合の対処に「余裕」が生じる。波乱をあらかじめ特定することができるなら、その波乱を投資戦術のなかに、あらかじめ組み込むことさえ可能になる。「ピンチはチャンス」になる。

第2章　米朝衝突はあるのか

金正恩とトランプの合理性

米朝衝突は、あるのかないのか。これを断定することはできない。たしかに、断定する人はいる。断定する人はいるが、根拠があって断定しているわけではない。本を売る、あるいは客を集めるためには、断定したほうがいいのだろう。客は常に断定を好む。しかし、断定したことが外れて責任を取る発言者を見たことがない。

聞き手は記憶力を持たねばならない。誰がいつどのようなことを発言していたのかを、しっかりと覚えておくことが大事だ。その軌跡＝トラックレコードが大事だ。現実を的確に予測したトラックレコードを残している者が、優れた洞察者である。

北朝鮮の金正恩朝鮮労働党委員長と米国のトランプ大統領。両者の「印象」では、誰もがリスクを感じるだろう。二人とも挑発的な言葉を繰り返している。だが、この二人が合理的判断ができない人物であるのかどうか。そこが最重要ポイントだ。

発言だけを拾い集めれば、二人とも合理性を有していない人物であるとの結論にたどり着くかも知れない。この前提に立って考えると、「米朝の衝突は起こる」ということになる。米朝が衝突すれば核戦争に発展する。その場合、甚大な影響が広がるだろう。

経済学者のジョン・ハルティワンガー氏が、２０１７年9月28日に「米朝戦争が起きたら犠牲者は何人になるのか」のタイトルで『ＮＥＷＳＷＥＥＫ』誌に次のように記述した。

「94年に韓国駐留米軍の司令官がビル・クリントン大統領に行った報告によると、北朝鮮との戦争による死者は１００万人（原文ママ）、経済損失はおよそ1兆ドルに上ると試算されていた。当時より北朝鮮の軍事技術は当時より格段に進歩しており、戦争が起きたら人的・経済的損失はこの比ではない。

ただ、アメリカは北朝鮮の軍事能力を正確に把握できているわけではなく、確実な被害予測はむずかしい。米民主党の議員団は、ジェームズ・マティス米国防長官に予想される犠牲者数を早急に発表するよう求めている。

（中略）

トランプ政権は経済制裁など外交手段による状況打開を模索してきたが、事態はいっこうに動かない。

『第2の選択肢の準備は万端だ。望ましい選択肢ではないが、われわれがそれを選べば、壊滅的な事態になる。北朝鮮にとって壊滅的な事態だ』と、トランプは（9月）26日の記者会見でそう語った。『それは軍事オプションだ。必要とあらば、われわれはそれを選ぶ』

この状況では、通常兵器による米朝戦争が起こる確率はフィフティ・フィフティで、核戦争の確率は10％だと、元米海軍大将ジェームズ・スタブリディスは予想する」

また、米国ジョンズ・ホプキンズ大の北朝鮮分析サイト「38ノース」は２０１７年10月４日、米国と北朝鮮の間で軍事衝突が起き、北朝鮮が東京とソウルを核攻撃した場合、両都市で合わせて約２１０万人が死亡し、約７７０万人が負傷するとの推計を発表した。報道によれば、北朝鮮は爆発規模15～25キロトン（ＴＮＴ火薬換算）の核弾頭を搭載した弾道ミサイルを20～25発実戦配備しているとされる。

前記の予測数値は、米軍による北朝鮮の弾道ミサイル迎撃や、核・ミサイル関連施設の攻撃を受けて、北朝鮮が報復核攻撃に踏み切った事態を想定したものである。

北朝鮮が25キロトン弾頭のミサイル計25発を東京とソウルに向けて発射し、うち20発が日韓の迎撃ミサイルをかいくぐって目標の上空で爆発した場合、東京で約94万人、ソウルで約１１６万人が死亡するとしている。

他方、搭載される弾頭が、9月3日に北朝鮮が地下核実験で爆発させた「水爆」と同規模の２５０キロトンで、発射されたミサイル25発のうち20発が東京とソウルの上空で爆発した場合、東京での死者は約１８０万人、ソウルでの死者は約２００万人、両都市の負傷者の合計は約

１３６０万人に上るとしている。米国が広島に投下した原爆は16キロトン、長崎は21キロトンだった（各紙報道）。

核戦争の深刻なリスク

核戦争が生じれば影響が深刻になることは言うまでもない。地球を滅亡に追い込むことすら考えられる。２０１７年のノーベル平和賞は、「核兵器廃絶国際キャンペーン（ＩＣＡＮ）」に授与された。核兵器禁止条約という核兵器を歴史上初めて違法化した条約そのものと、条約採択にあたってＩＣＡＮが広島、長崎の被爆者をはじめ、市民社会全体とともに進めた活動が評価されたものと言える。

核兵器が世界を滅ぼしてしまうリスクは極めて高い。その核戦争に直結する可能性が高いのが米朝軍事衝突である。ここに足を踏み入れることに合理性があるのかどうか。これが判断基準の一つであろう。

結論を先に提示すれば、米朝軍事衝突のリスクは限定的である。その根拠は、トランプと金正恩が一定の合理性を備えた存在であると考えられることだ。外形、外見だけを根拠とするなら、米朝軍事衝突が生じると考えるのが順当であろう。中核人物の言動は、偶発的な軍事衝突のリスクを大いにはらむものであるからだ。

しかし、両名のこれまでの言動を、もう少し冷静に見つめ直すと、また違った側面が見えてくる。両名ともに、一定の合理性を有し、その合理性に基づいて行動していると判断できる面が優勢を占めるからである。

両名が合理性を有した存在である場合には、米朝軍事衝突を可能な限り回避する選択肢を採る可能性が高くなる。米国が追求するのは直接的な軍事衝突ではなく、「斬首作戦」であろう。金正恩の存在そのものの抹消である。リスクは、実はこの部分に存在する。

金正恩が「斬首作戦」を明確に認識し、その危機が迫る局面があれば、金正恩サイドが自発的に核戦争のリスクを踏み越えるだろう。この事態が偶発的に生じる可能性は、否定しきれない。米国は、その可能性を十分に考慮に入れた対応を求められる。

北朝鮮が核開発に邁進する本当の理由

北朝鮮がなぜ核開発にこだわり、その開発を急がせているのか。この点を正確に理解する必要がある。北朝鮮が念頭においているのはイラクの事例である。イラクは米国によって滅ぼされた。イラクのフセイン大統領は米国によって処刑され、亡き者にされた。この事例を踏まえているのが、北朝鮮の核開発政策なのである。

2002年1月29日の一般教書演説で、米国のジョージ・W・ブッシュ大統領が、北朝鮮（朝鮮民主主義人民共和国)、イラン・イスラム共和国、イラクの3カ国を名指しで批判し、"axis of evil"と表現した。日本語では「悪の枢軸」と訳されている。

2001年9月11日に、米国で同時多発テロ事件が発生した。ブッシュ大統領は事件発生直後に"They were acts of war."と宣言して「戦争」であるとの認識を示した。この判断をベースに米国は「テロとの戦い」を進展させてきた。この文脈のなかで、ブッシュ大統領は2002年1月の一般教書演説において、北朝鮮をイラン、イラクと並べて「悪の枢軸」と称したのである。

ブッシュ大統領はイラク、イラン、北朝鮮が大量破壊兵器を保有するテロ支援国家であると名指しで非難。2003年にはイラクに対し、大量破壊兵器を保有しているとの〝言いがかり〟をつけて軍事侵攻に踏み切り、イラクを滅ぼし、サダム・フセイン大統領を処刑した。

この事実経過を踏まえて、北朝鮮の金正恩委員長は、「明日は我が身」だと身構えて今日に至っている。イラクのフセイン大統領の二の舞いを回避するには、米国に対する直接攻撃能力を確保するしかない。米国に対する核攻撃能力を保持してしまえば、米国の対北朝鮮殲滅作戦の執行は困難になる。この判断をベースに、核開発を進展させてきたものと理解することができる。

つまり、米国による軍事的な殲滅、破滅を回避するには、米国の対北朝鮮攻撃を抑止しなければならない。その「抑止力」を保持することを最優先課題に位置づけてきたのだ。

北朝鮮が日本などの隣国に軍事攻撃を繰り返し、殺戮行為を繰り返しているのなら、北朝鮮は直ちに殲滅すべき対象ということになるが、北朝鮮がそのような行動を示してきたわけではない。北朝鮮は、イラクは大量破壊兵器を持っていないにもかかわらず、と言うより、持っていなかったがために、米国による軍事侵攻によって滅ぼされたと考える。この歴史事実を踏まえて、その二の舞いを回避するための行動を展開してきたものと理解できる。

一般的には、ブッシュ大統領の「悪の枢軸」の用語と独裁体制のイメージが重なり、北朝鮮が一方的に悪いということにされやすい。だが、北朝鮮の置かれた現状を踏まえれば、北朝鮮の側には北朝鮮の主張と、その主張に基づく行動があるということが分かる。

北朝鮮の核開発がどの段階にまで進展したのかについては、専門家の間でも見解が分かれているが、すでに核弾頭を搭載したＩＣＢＭの開発に成功しているとの見方が有力である。

また、核攻撃のみならず、電磁パルス攻撃（高々度の上空での核爆発攻撃）の能力も保持している可能性がある。核兵器を用いなくとも、一国に重大なダメージ、被害を与えうる攻撃能力である。この攻撃は対米国だけでなく、日本にも、韓国にも向けることが可能である。

仮に北朝鮮が、すでに米国に対する報復攻撃能力を保持しているということになると、米国は迂闊に北朝鮮攻撃には踏み切れない。米国が被害を受けずに北朝鮮を制圧するには、北朝鮮の指導者である金正恩の存在そのものを標的にすることも考えられるが、そのリスクを金正恩が感知すれば、その段階で北朝鮮が先制攻撃を実行することも考え得る。いずれにしても、極めて慎重な判断が求められることになるわけだ。

米国が北朝鮮に対して先制攻撃を行い、北朝鮮の軍事力を完全に剝奪してしまうとの考え方もあるが、北朝鮮の報復攻撃能力を先制攻撃によって完全に剝奪することは困難であると見られている。北朝鮮の攻撃能力の多くが地中、水中に温存されている可能性が高いのだ。

その反撃が米国、日本、韓国に重大なダメージ、被害を与える可能性は極めて高い。このような現実を踏まえ、仮にトランプ大統領が一定の合理性を保持する人物であるとの前提を置いて考えると、米国はトランプ大統領の挑発的な発言とは裏腹に、軽率な軍事行動には踏み切れないと見るのが順当であると考える。

日本の安倍首相は２０１７年９月７日、ロシアのウラジオストクでプーチン露大統領と日露首脳会談を行った。この会談で安倍首相は、北朝鮮による６回目の核実験を受け、国連安全保障理事会でのより強力な措置を盛り込んだ新たな制裁決議案採択への協力を要請。国際社会で最大限の圧力をかけることが重要だとの認識を伝達した。これに対してプーチン大統領は、北朝鮮問題については「外交・政治的な方法でのみ解決可能だ」と返答し、安倍首相の主張に釘を刺した。

つまり、安倍首相が「圧力、圧力」とヒートアップしているのに対して、プーチン大統領は冷静な外交解決を模索することを訴えたのである。プーチンは「北朝鮮の置かれた立場を考えると、彼らは草を食べても核開発はやめないだろう」と指摘する。つまり、国家の存亡に関わる事態として核開発をやっているので、それを無理矢理やめさせようとしてもなかなか難しいし、あまり追い詰めて暴発させることの危険のほうが大きい。そんな言い方をしたわけだ。

NPTという究極の不平等条約

前述のように、ICANのノーベル賞受賞は、核兵器を歴史上初めて違法化した核兵器禁止条約そのものと、条約採択にあたってICANが広島、長崎の被爆者はじめ市民社会全体とともに進めた活動が評価されたものである。だが、日本政府は核兵器禁止条約に参加していない。それどころか、日本政府は米国の核の傘の下に日本が置かれていることを理由に、核兵器禁止条約に反対する立場を示している。世界で唯一の被爆国である日本が、核兵器禁止条約に背を向けていることに対する日本の主権者の批判は強い。

国連安全保障理事会の常任理事国は、第2次世界大戦の戦勝5大国となっている。5大国は拒否権を有しているので、ただ一つの国が反対しても、条約等を決定できない。

つまり、北朝鮮に対する制裁を強化すると日本が主張しても、ロシア、中国が賛同しなければ効力を発揮しない。北朝鮮に対する原油輸出の全面禁止を実施すれば、北朝鮮は立ち行かなくなるだろう。安倍首相の提案はこれに近いがロシア、中国はこれを認めない。北朝鮮の存続を断ち切るところにまで北朝鮮を追い込めば、暴発するリスクは格段に上昇する。日本はかつて、原油の全面禁輸措置に追い込まれて暴発していった。それを北朝鮮で再現しようとする考え方に重大な誤りがある。

北朝鮮の核開発は許されない、というのが対北朝鮮政策の出発点に置かれる傾向が強いが、世界の核保有の現実を踏まえるならば、この考え方を無条件に肯定することはできない。そもそも、核兵器自体が非人道的な兵器であり、人類にとっての重大な脅威であることを踏まえるならば、最も問題とされるのは北朝鮮ではなく米国やロシアということになる。

米国、ロシアのみならず、核兵器の大量保有国は英国、フランス、中国の戦勝5大国だ。戦勝5大国が核兵器を大量保有するなかで、ＮＰＴ（核拡散防止条約）という体制が構築された。この枠組みとは、戦勝5大国は核兵器を持ってよい、しかし、それ以外の国は持ってはいけないというものだ。究極の不平等条約である。

問題はそれだけにとどまらない。ＮＰＴの枠組みが厳正に確立されているなら、５大国以外の核保有国はないことになるが、現実は違う。５大国でないのに核兵器を保有する国が存在する。インド、パキスタン、イスラエルである。

日本は北朝鮮の核開発を非難するが、インドの核保有や、米国と密接な関係を有するイスラエルの核保有を非難しない。そして、インドが核保有国であるにもかかわらず、そのことを批判することなく、２０１７年7月20日、インドに原子力技術の輸出を認める日印原子力協定を発効させた。これにより、インドの原発市場への日本企業の参入が可能になる。

ロスチャイルドと核のダブルスタンダード

日本政府は北朝鮮の核開発を問題にするが、インドやイスラエルの核開発、核保有を一切問題にしていないのである。究極のダブルスタンダードと言うほかない。北朝鮮の核開発を問題にするなら、同時にインドやイスラエル、パキスタンの核開発、核保有も問題にしないとおかしい。この点を日本のメディアもまったく触れない。全体が「ダブルスタンダード＝二重基準」に包まれているわけである。

また、グローバルな利益極大化を目指す世界の巨大資本、すなわち巨大な金融資本、軍事資本、石油資本は戦争を重要な収益源にしている。戦争を遂行するには、必ず敵と味方が必要である。死の商人＝軍事産業は常に敵対する複数の勢力を創設し、その両者に兵器と金融を提供する。巨大資本は戦争遂行に必要な兵器と資金によって、巨大な収益を獲得するのである。

この巨大資本にとって、イラクやイラン、北朝鮮などの「悪の枢軸＝ならず者国家」は、なくてはならない貴重な存在である。この巨大資本勢力が、イラクやイラン、北朝鮮、あるいはイスラム国（ＩＳＩＳ）などの背後に控えていると見るのが妥当と思われる。

経済規模が小さく、国民の生存さえ危ぶまれる北朝鮮が核開発を進め、核実験やミサイル発射実験を頻繁に実施している不自然さは、こうした背景を考察せずに理解できない。

「死の商人＝世界を支配する巨大資本」は、常に敵対する二つの勢力を人為的に構築し、その両者に兵器と購入資金を提供してきた。両者に軍備を競わせ、支払い不能なレベルにまで融資資金を注ぎ込む。このマッチポンプで、巨大資本は自己増殖を続けてきた。

その創始者にあたるのがロスチャイルド家である。ロスチャイルド一族の世界戦略を抜きに、近現代史は語れない。１７７３年にマイヤー・アムシェル・ロスチャイルドが示した、「世界革命行動計画25カ条」に記された言葉が、いまなお世界政治経済の変動を説明し得る力を有していることに驚かざるを得ない（Ｐ70参照）。

現代における戦争は、〝必然〟によって生じてはいない。〝必要〟によって生じているのである。軍産複合体＝グローバルな巨大資本の収益動機によって、戦争が引き起こされているのだ。

しかし、地球を滅亡させては元も子もない。地球を滅亡させない範囲内で、しかし、最大限に脅威を煽《あお》りつつ、軍事産業が収益を極大化するように戦乱や戦争の危機が創作されている。

したがって、北朝鮮を巻き込む戦乱は、そう簡単には生じないと考えられる。とはいえ、偶発事態が幾重にも重なるなら、戦乱勃発の可能性を全否定することはできないだろう。

戦乱発生時の資産防衛術

万が一、戦乱が発生した場合に、個人はどのように資産を防衛したらよいのか。あるいは、そもそも資産を防衛する手段はあるのか。「備えあれば憂いなし」の格言に従い、何らかの方法を検討しておくことは有益である。

北朝鮮を含む戦乱が生じれば、日本が戦火に巻き込まれる可能性は極めて高い。米国の北朝鮮攻撃に対して、北朝鮮は対日、対韓攻撃で報復措置を実行するだろう。日本が核攻撃や電磁パルス攻撃の標的にされる可能性は極めて高いと言える。

そのような局面で、本邦の金融資産で資産を保有することは極めてリスクが大きい。現金通貨、預金通貨、株式、債券、投資信託のすべてが、無限大のリスクに晒されることになる。

このリスクを回避するには二つの方法が有効である。一つは、金地金などの実物資産に資産の保有形態を変えること。いま一つは、対外資産に逃げ込むことである。

金地金を保有し、それを確実に保管するなら、これが最も間違いのない資産保蔵手段になる。金地金は、それ自身に価値が内包されている。現金通貨を含めて、預金通貨は「信用」によって資産価値が支えられているが、国自体の存亡が危ぶまれるときには、その「信用」が崩壊する可能性が高くなる。

もう一つの逃げ道は海外資産である。しかしながら、その海外資産の管理を、本邦企業が国内で行っている場合、その資産の保全は全うされない可能性がある。本邦機関が破綻し、顧客資産が完全に守られる保証がないからだ。

したがって、海外現地の口座で資産を保有するのでなければ、日本が戦乱に巻き込まれた場合の資産保全は難しい。邦人による海外への資産の逃避については、税制上の制約などが存在するから、違法取引、違法口座の保有にならないように細心の注意を払う必要がある。

北朝鮮が戦乱状況に移行して、日本がその戦乱に巻き込まれるリスクは高いとは言えないが、「いざ有事」という場合への備えを確保しておくことは重要であろう。

第3章　トランプ政権の正体

米国流二大政党制の実態

米国の大統領になるには共和党か民主党の指名候補になることが、不可欠な条件になる。制度的には、これ以外の候補が大統領になる道が閉ざされているわけではないが、現実にはその道は限りなく狭い。

二大政党以外から立候補するためには、各州で一定数以上の署名を集める必要があり、署名を集めることができなければ、その州で立候補することすらできない。立候補できなければ、当然、その州で選挙人を獲得することはできず、大統領にはなれない。事実上、二大政党の指名候補にならなければ大統領にはなれないのである。

米国の政治制度は、共和党と民主党による二大政党体制であり、大統領の所属政党は共和党と民主党とが繰り返される。常に政権交代が生じる政治体制である。このことから、米国の政治制度こそ真の民主主義を体現したものであるとの見方があるが、それは極めて表層的なものに過ぎない。

たしかに米国では大統領所属政党は頻繁に入れ替わるので、政治腐敗に対して一定の牽制力が働くことは事実である。思想家のジョン・アクトンが残した「権力は腐敗する、絶対的権力は絶対に腐敗する」という言葉があるように、単一の政治権力が長期化すれば、必ず腐敗を起こす。

第2次安倍政権が発足してから5年の歳月が経過するが、この政権長期化のなかで、やはり「森友疑惑」や「加計疑惑」といったような政治腐敗事案が表面化してきた。二大政党が存在し、頻繁に政権交代を実現する政治制度においては、この種の腐敗が進行することを防止することはできるだろう。しかしながら、そもそも共和党と民主党は極めて同質性の高い存在である。保守と革新による政権交代ではなく、保守と保守との間での政権交代が起きているに過ぎない。

すなわち、政権交代が生じる政治体制であることは事実だが、政治の基本的な方向、つまり、誰のための政治かという点で、米国の共和党政権と民主党政権との間に大きな相違は存在しない。いずれも、米国を支配する巨大資本の利益を損なわない政権であるという、重大な共通点を有している。

これまでの図式を壊した二人の大統領候補

共和党と民主党の大統領候補になるために必要な、唯一にして最大の条件は何か。それは巨大な資金である。大統領選指名レースを勝ち抜くだけの資金を確保できるかどうか。これが絶対に必要な条件になる。このため、米国大統領選の指名候補は基本的に巨大資本の支配下に入らざるを得ない。このプロセスを通じて、米国大統領候補になる者は、必ず米国を支配する巨大資本の支配下に入る。

米国を支配する巨大資本は、この仕組みを通じて、米国政治の支配権を確立している。民主党と共和党の政策主張は極めて類似している。どちらに転ぼうとも、米国を支配する巨大資本の意思に反する政権は生まれない。これが確保されている政治制度なのだ。

しかし、2016年の大統領選では、この基本図式が壊れた。例外となる二人の有力な候補者が出現したのだ。一人は、実際に大統領に就任したドナルド・トランプ氏。いま一人は、民主党の指名候補争いで最後までヒラリー・クリントンを苦しめたバーニー・サンダース上院議員である。

共和党のドナルド・トランプ氏は、選挙資金の多くを自前の資金で賄った。米国大統領選史上、極めて稀有な存在だった。そして実際に、トランプ氏は米国を支配する巨大資本の支配下に組み込まれることなく、大統領に就任したと見られる。

ただし、巨大資本の支配下に完全には移行していない人物であるが故に、トランプ氏は大統領選の最中も、当選後も、そして大統領就任後も、メディアの総攻撃を受け続けてきた。

他方、バーニー・サンダース氏は民主党の指名候補争いで、最後までクリントン女史と戦ったが、選挙資金の多くを「クラウド・ファンディング」に依った。クラウド・ファンディングとは、インターネット上の呼びかけによる一般民衆からの資金調達のことだ。災害見舞募金などで巨額の寄付が一般市民から寄せられるが、この方式を選挙資金調達に活用したのである。

しかしながら、最終的にサンダース氏は民主党の指名争いに敗れ、その後、ヒラリー・クリントン女史の支持に回った。サンダース氏とクリントン氏の政策主張の最大の相違は、TPPに表れた。サンダース氏は、グローバリズム勢力の最重要施策の一つであるTPPを全面的に排除する主張を展開したが、クリントン氏はTPPに問題があるとしながらも、基本的にそれを擁護し、米国のTPP参加を推進するスタンスを示した。

TPPを巡るサンダース氏とクリントン氏の主張の相違は際立っており、民主党がクリントン氏を指名候補に決定したあと、サンダース氏がクリントン氏支持に回るのかが注目された。一方で共和党の指名候補になったトランプ氏は、大統領に就任すれば、その初日にTPPから離脱することを選挙公約に明記した。TPPに関する主張に基軸を置くなら、サンダース氏がトランプ氏支持に回っても不思議ではない側面があった。

果たして、サンダース氏は大統領選本選でクリントン女史を支持した。トランプ氏の人種差別的な強い言動に反対してのことだったのか。あるいは、TPP推進の本尊である「米国を支配する巨大資本」の支配下にサンダース氏が組み込まれてしまった結果なのか。真相は定かではない。だが、後者の可能性を頭ごなしに否定することはできないと思われる。

トランプ大統領は歴史的に見て、稀有な米国大統領である。稀有であるという意味は、この大統領が、大統領選の最中も、大統領選で当選を果たした後も、さらに、実際に大統領に就任してからも、一貫してメディアの猛攻撃、総攻撃を受け続けていることである。

無視された「100日間のハネムーン」

トランプ大統領に欠点があることは誰もが理解する。しかし、欠点のない人間など存在しないだろう。トランプ氏に欠点があっても、トランプ氏は正統な選挙の結果として米国大統領に就任したのである。米国が民主主義制度を採用している以上、選挙で選出された大統領に対して、一定の敬意を払う必要があることは当然のことではなかろうか。

米国には「100日間のハネムーン」と呼ばれる風習がある。国民が選挙で選出した大統領に一定の敬意を払い、大統領就任100日間は、批判を控えて新大統領の提示する政策を見守るとの風習だ。これを守る責務が、議会野党やメディアにある。しかし、トランプ大統領に対してだけは、こうした風習も完全に無視されてしまった。

メディアがトランプ氏攻撃を続けている最大の理由は、メディアを支配する「米国の支配者」が、トランプ大統領誕生を歓迎していないことにあると考えられる。「米国の支配者」とは、「飽くなき利潤追求」にひた走る強欲な巨大資本＝ハゲタカ勢力である。ハゲタカがトランプ新大統領を敵対視するのは、ハゲタカにとって最大のご馳走であるＴＰＰを、トランプ新大統領が葬ることを公約に掲げ、その公約通り、大統領就任初日にＴＰＰからの永久離脱を宣言してしまったからだ。

この意味において、トランプ政権の基盤は盤石ではない。トランプ大統領は叩かれ続け、場合によっては議会による弾劾で罷免される、あるいは、「暗殺」という手段によって物理的に抹殺されることすら想定しなければならない状況にあると考えられる。

トランプ大統領失脚、あるいは、トランプ大統領暗殺という事態が発生すれば、当然のことながら金融市場にはショックが走る。経済活動自体にも重大な影響が発生するだろう。だからこそ、金融市場分析、資産運用戦略構築においても、政治情勢、政局動向の分析を欠くことはできないのだ。トランプ政権の今後の趨勢を考察することは、資産戦略の側面からも最重要の課題であると言って過言ではない。

トランプ政権の基盤が揺らぎ続け、政権崩壊に向かって事態が進行していくのか。そうではなく、トランプ政権がさまざまな批判をかいくぐり、徐々に安定感を強めていくのか。この点の分析も極めて重要になる。

メディアが作り上げた〝虚像〟の真実

主要メディアは、明けても暮れてもトランプ批判一色で染め抜かれているが、筆者はこうした風潮と一線を画してきた。2016年には、トランプの当選などあり得ないとメディアが断定していた。しかし、トランプは大統領選で勝利を収めた。

トランプが勝利を収めたのは、その戦術が優れていたからである。大統領選の獲得票数ではクリントンがトランプを上回った。このことから、実質的にはクリントンが勝利したとの声があるが、これは間違いである。

たしかに最終的な確定得票数では、クリントンが286万票多かった。しかし、これはクリントンがカリフォルニア州でトランプに432万票の差をつけて勝利したためである。カリフォルニアを除く全米では、トランプの得票が146万票多かった。

トランプはカリフォルニア州でクリントンに勝利する可能性がないと判断して、同州での選挙活動をまったく行わなかった。米国の大統領選は州ごとに勝敗を決めて、人口比で割り当てられた選挙人を総取りする方式で行われる。総取りした選挙人を、1人でも多く獲得した候補者が勝利を得ることになる。

米国では、共和党の地盤が強い州と民主党の地盤が強い州とが、かなりはっきりと分かれる。東西の海沿いの地域で民主党が強く、内陸部で共和党が強い傾向がある。大統領選の帰趨を決めるのは五大湖から東海岸にかけての一帯と、フロリダ、テキサスなどの選挙人数の多い重要州である。

トランプは、製造業が衰退し、多くの中間所得者層の白人労働者が没落した地域である、五大湖から東海岸にかけての一帯に重点を置いて選挙戦を展開した。「ラストベルト＝さび付いた地帯」と呼ばれる地域の労働者の不満を吸い上げるかたちで、この地域でほぼ全面的な勝利を獲得した。これが大統領選勝利をもたらした要因であり、戦術的な巧みさが光った選挙であったと言える。

しかしながら、トランプは米国を支配する巨大資本の支配下に移行していない稀有な大統領であるために、激しい攻撃を受け続けてきた。この攻撃を受け続ければ、トランプが任期を全うすることすら困難になるかも知れない。議会での弾劾、野外での暗殺など、危険は常に付きまとうのである

トランプは思いつくままに暴言を吐き、何をしでかすか分からない危険な人物との印象が、メディア報道によって人々に刷り込まれている。だが、実際の行動を詳細に追跡するならば、このイメージとかけ離れた実像が浮かび上がる。

トランプの行動様式を一言で表現するなら、「プラグマティズム」ということになる。プラ

グマティズムとは「現実主義＝実用主義」のことだ。現実を常に重視して、臨機応変に行動を変える。節操がないとの批判が生まれるかも知れないが、現実の情勢変化に対応して、行動を小刻みに変えられる「柔軟性」を有している面が強いと感じられる。

ビジネス界出身者のトランプは、自己の主義主張に固執して原理原則を曲げない〝硬直性〟ではなく、目的を実現する方法を臨機応変に検討して、躊躇《ちゅうちょ》なく目的に近づく最良の方法を選択する〝柔軟性〟を有しているように思われる。

トランプ政権が直ちに立ち行かなくなると予測した者が多いにもかかわらず、曲がりなりにも政権を安定的に維持している。ニューヨークダウは、ついに2万3000ドルを突破。歴代政権のなかでも、圧倒的に良好な株価推移を実現させてもいる。トランプ政権を賞賛するメディアが登場してもおかしくないパフォーマンスを実現していると言える。だが、メディアの反トランプ色は色濃く残存している。その理由は既に指摘したとおりだ。

トランプと「闇の勢力」との接近の意味

トランプ政権は、メディアの激しい攻撃に晒され続けながらも、いきなりつまずいて窮地に追い込まれるのではなく、特に大きな問題を引き起こすこともなく、順調な経済推移を実現させてきている。この推移のなかに、いくつかの重要な事実が観察されている。メディアはこれをまったく伝えないから、人々に認識されていないが、重要な事実が存在するので紹介しておこう。

米国では、大統領が提案する施策を実施するためには議会の同意が必要だ。大統領は議会の決定に対し拒否権を持つが、大統領が提案する施策は議会の議決がなければ実効性を持たない。米国大統領は議会運営を円滑に推進することができなければ、大統領としての公約を実現することもできない。

トランプ大統領は政治経験のないビジネス界出身の大統領である。このために、ワシントン政治において多くの失敗を繰り返してきた。大統領選挙中、さらに大統領選勝利後のロシアとの接触などに関する問題では、ワシントン政治に通暁するスタッフが存在していれば回避できた可能性が高い。ワシントンのルールを十分に捕捉できていなかったから生じたトラブルであった、と言ってよいだろう。

しかし、これらのトラブルに巻き込まれながらも、トランプ氏はひるむことなく現実の困難を打破するしぶとさ、したたかさを有しているように見える。トランプ氏の行動様式の特徴を「プラグマティズム」と表現したが、この現実主義が発揮されている。そして、こうした行動を通じてトランプ大統領が、米国を支配する「巨大な力＝闇の支配者」との距離を徐々に縮めつつあることも分かる。この点が重要な考察点だ。

メディアがトランプ攻撃を続けていることは事実であり、トランプ政権の基盤に、依然として脆弱な部分があることは事実だが、大統領就任後の軌跡を辿ると、政権崩壊ではなく政権存続に向けて重要な足跡を残している事実を見落とせない。

3つの重要事実を指摘しておく。

第一は、米国議会上院が、トランプ大統領が示した最高裁判事候補ニール・ゴーサッチ氏の同職就任を、2017年4月7日に承認したという事実。

第二は、大統領選挙でトランプ当選を実現させた最大の立役者ともいえる、首席戦略官兼大統領上級顧問のスティーブン・バノン氏を2017年8月18日に解任したこと。

第三は、トランプ大統領が2017年9月8日に連邦政府の債務上限引き上げや暫定予算などを一本化した法案に署名、法律が成立し、政府資金が枯渇して国債の償還ができなくなる「デフォルト＝債務不履行」と、予算切れに伴う政府機関の閉鎖が回避されたことだ。

トランプ氏は2016年10月22日、ペンシルベニア州ゲティスバーグで演説を行い、大統領就任当初100日間の計画について言及。今後10年間での2500万人分の雇用創出や中間層減税を公約した。その際、2017年版の本シリーズ『反グローバリズム旋風で世界はこうなる』に掲載した「アメリカの有権者との契約＝"Contract with the American Voter"」と題する資料に公約一覧を明記した。大統領就任後直ちに実行する政策、大統領就任後の100日間に実行する政策を具体的に明記し、これを米国の有権者との間で交わす契約書の体裁で発表したのである。

この契約書にはトランプ氏のサインが記入されており、その横に有権者の署名欄が設けられている。有権者が署名欄に署名することにより、契約書として完成するスタイルだ。ビジネス界出身のトランプ氏ならではの意匠である。

具体的には、この「大統領就任後直ちに実行する政策」のなかに、①ワシントンDCにおける腐敗と特別な利害結託を取り除くための６つの措置、②アメリカ人労働者を守るための７つの行動、③地域の安全のためと憲法が定めた法を取り戻す５つの行動、が明記された。日本で大きく取り上げられた「私はＴＰＰからの撤退を発表する」公約は、「②アメリカ人労働者を守るための７つの行動」の２番目に書き込まれたものだ。

最高裁人事で収めた最大の勝利

大統領就任後、トランプ大統領が直ちに実行し、メディアが激しく攻撃したのが、「③地域の安全のためと憲法が定めた法を取り戻す５つの行動」の５番目に記載された「事前審査が安全に行えないテロが起こりやすい地域からの移民を一時停止する。私たちの国に来る人々のすべての審査を『極めて厳格』に行う」公約の実行だった。

トランプ大統領は公約に沿って、中東などの７カ国から米国への入国を一時的に禁止する措置を取ったが、これに対する激しい攻撃が巻き起こった。

連邦地裁や連邦高裁は、これら7カ国から入国した者がテロを実行したとの証拠が不十分だとして、入国制限が憲法に反するとの判断を示した。政治権力といえども、憲法の前には従順でなければならない。憲法は政治権力が憲法の枠を外れて暴走しないように、これを抑止する、民主主義政治の砦である。この考え方を「立憲主義」と呼び、日本でも安倍政権の行動が立憲主義を破壊するものであるとの批判が巻き起こっている。

トランプ政権が実施する政策が、憲法の許容する範囲のものであるべきことは当然だが、司法が最終判断を下す前に、メディアが違憲と決めつけるトランプ批判を展開するのも行き過ぎだ。テロ防止のための入国管理厳格化は、トランプ氏が選挙公約に明記してきたものであり、大統領就任後、公約を直ちに実行する姿勢は、通常、高く評価されるものだ。

ところが、トランプ大統領の場合は、大統領就任直後、直ちに政策遂行を具体化したところ、全米各地で違憲訴訟を起こされた。地裁、高裁レベルでは、トランプ政権の施策が違憲であるとの判断が示される事例もあった。しかし、最終的な判断は最高裁が示す。その最高裁が微妙な状況に置かれていた。

米国最高裁判所判事の任期は終身である。一度任命されれば死去するまでその任にあたるのが通常である。このため、最高裁のメンバーの入れ替えは頻繁に起こらない。当然のことながら、共和党政権時代には共和党系の人物が判事に任命され、民主党政権の時代には民主党系の人物が判事に任命される。トランプが大統領に就任したとき、判事の構成は空席が1で、残りは共和党系と民主党系が４対４という状況になっていた。

最高裁の判断が４対４に分かれる場合、最高裁としての判断を示すことができない。この場合は高裁判断が有効性を持つことになる。高裁で違憲判断を示されると、トランプ大統領は新規の施策を撤回する事態に追い込まれ、政権の威信は大きく損なわれる。

トランプ大統領はこの状況を打破するべく、共和党系の判事としてニール・ゴーサッチ氏を指名した。しかし、その議会承認が遅れていた。

これに対して、議会上院共和党は「クローチャー＝審議を打ち切る動議」を可決して、ゴーサッチ氏の最高裁判事就任を承認した。「クローチャー」を可決するには、上院全議員の５分の３（60議席）以上の同意が必要となるが、上院共和党は60票で承認という上院の規則を変更し、単純過半数（51票）の賛成票で可決できるようにした。

このルール変更は「核オプション」と呼ばれるもので、禁じ手とされている。だが、共和党は、２０１３年に民主党の上院院内総務だったハリー・リード氏が「核オプション」を行使し、51票の単純過半数で下級裁判所の指名候補を承認できるようにしたことがあると主張した。したがって「核オプション」は絶対的に禁止されている手法ではないと言えるが、議会共和党はかなりの無理をしてトランプ大統領に協力したことになる。

米国を支配する者の支配下に完全移行しておらず、議会共和党にも大統領批判勢力が多数存在すると見られる状況のなかで、トランプ大統領がいかなる手法を用いて議会共和党の強い協力姿勢を引き出したのか。ここが重要な目の付けどころだ。

結局、米国上院は4月7日に、承認を成立させるためのルール変更をしてトランプ大統領の人事提案を承認した。この結果、最高裁の勢力分布が共和党系5対民主党系4に変化した。

この変化は決定的に重要である。今後は違憲訴訟が提起された場合でも、トランプ大統領が実行する施策を、最高裁が違憲と判断する可能性が、著しく低下することになる。トランプ大統領は押さえるべき最も重要なツボを、しっかりと押さえているということになる。

トランプ大統領が、この人事案を議会で承認させるためには、議会共和党との融和が必要不可欠だった。トランプ大統領は大統領選に際して明示した公約の主要な柱を取り下げていない。しかし、現実の議会審議に際しては議会共和党と交渉し、さまざまな「ディール＝deal＝取引」を展開していると見られる。

主義主張を曲げず、強引にすべてを押し通そうとするのではなく、押すべき部分は押し、その一方で引くべきところは引く。こうした臨機応変の対応を示さなければ、議会共和党との融和を得ることはできないだろう。この意味で、トランプ大統領の交渉能力は高いと判断される。

スティーブン・バノンの解任劇

2017年8月18日には、最側近の首席戦略官兼大統領上級顧問のスティーブン・バノン氏を電撃解任した。バノン氏は、米国が世界の警察官の役割から撤退することを提言してきた。「米国第一主義《アメリカファースト》」とは「国内政策第一主義」のことである。世界を支配する政策を抑制し、内政に軸足を移行させるべきであるとするのがバノン氏の主張であった。

それに先立つ4月6日、米国が突如シリア攻撃を実施したが、この巡航ミサイルによる攻撃にもバノン氏は否定的であったと見られている。バノン氏が主張する孤立主義を米国政治で実行することには、大きなリスクがつきまとう。米国が世界の警察官の役割を放棄することは、米軍のプレゼンス低下、米軍展開のエリア縮小に直結するからだ。

これに猛烈に反発する勢力が間違いなく存在する。軍産複合体にとって、米国の対外プレゼンス拡大は文字通りの生命線だ。孤立主義は、軍産複合体の立場から言えば、業容縮小命令、ビジネス撤退宣告の意味を持つ。この意味でバノンの主張は、米国を支配する「巨大資本＝闇の支配者」の〝虎の尾を踏む〟ものであった。

米国の支配者は巨大軍事資本であり巨大金融資本である。この支配者は、米国が世界の警察官の役割を放棄することを許すことができない。軍産複合体の利益の源泉が損なわれる。

トランプ大統領は、バノンと「闇の支配者」の二者択一を迫られて、バノンを切った。トランプ大統領は、徐々に米国を支配する巨大資本との間合いを詰めていると考えられる。

連邦政府の債務上限引き上げや暫定予算などを一本化した法案処理で、トランプ政権は金融市場の懸念をよそに、あっさりとこの問題をクリアしてしまった。トランプ大統領は、今度は共和党ではなく議会民主党の賛同を取り付けて、問題にケリをつけた。議会共和党に不満を残したとも伝えられているが、変幻自在の対応で議会運営をこなしている。

これらを総合的に勘案すると、トランプ大統領の現実対応能力は決して低くないと判断できる。また、一度言い出したら後には引かない印象があるが、実際には、引くべきところはどんどん引いてしまう柔軟さを保持しているように思われる。

米国を支配する「巨大な力＝闇の勢力」との手打ちが成立するなら、この政権が安定飛行に移行する可能性は低くないと思われる。

日常茶飯事と化す幹部の更迭

トランプ政権の大きな特徴の一つは、大統領が主要閣僚等の人事刷新を躊躇なく実行している点にある。意見が合わなくなると直ちに切り棄てる「独断専行」と言うこともできるが、不協和音があるなら、それを温存せずに直ちに取り除くことが、政権にプラスだとの考えもある。

大統領選から1年が経過するトランプ政権の要に位置しているのがマイク・ペンス副大統領だ。トランプ大統領に万が一のことがあれば、ペンスが後を継ぐ。大統領選テレビ討論では、副大統領候補のペンス氏が大きな得点を稼いだ。トランプ大統領にとって極めて重要な存在だ。

他方、首席補佐官のラインス・プリーバス氏は早々に更迭された。首席補佐官は日本の内閣官房長官にあたる要職で、本来はホワイトハウスを一つにまとめる役割を担うが、広報部長に起用されたアンソニー・スカラムチ氏との内紛が表面化。プリーバス氏はホワイトハウスをまとめ切れなかったとの理由で解任された。

後任に起用されたのが、国土安全保障長官で海兵隊退役大将のジョン・ケリー氏。ケリーが首席補佐官に就任して、ホワイトハウス内の指揮命令系統を整備した。大統領に上げる情報は、ケリー首席補佐官を経由する情報統制が敷かれた。ようやく、ホワイトハウス内の混乱が収束する気配が強まっている。

トランプ大統領は娘のイヴァンカと娘婿のクシュナー氏を重用しており、今後の政権の安定性は、ケリー首席補佐官とクシュナー夫妻とが良好な関係を維持できるかにかかる。また、クシュナー氏はユダヤ教徒で、トランプ政権の親イスラエル傾向が鮮明になっている。

米国のイスラエル接近はイランとの関係悪化と同義であるとも言え、今後はオバマ政権時代に締結された米国とイランの核合意が再び不安定化する可能性が浮上する。中東におけるイランとイスラエル、イランとサウジアラビアの関係緊迫化リスクが高まることになりそうだ。

主要閣僚ではゴールドマン・サックス出身のスティーヴン・ムニューシンが財務長官、エクソン・モービル前会長のレックス・ティラーソンが国務長官に就任している。金融界、実業界、そして軍人から主要閣僚を起用するのがトランプの基本スタイルであるが、ティラーソンとトランプの関係が悪化しているとの情報が増加している。

また、安全保障担当補佐官のマイケル・フリンは、スティーブン・バノンと並び、トランプ勝利を導いた立役者の一人だが、ロシアとの接触事実が明らかにされ、早々に解任される憂き目に遭った。

さらに、広報部隊を総括する幹部も相次いで解任された。政権発足時のスパイサー報道官は半年で更迭され、後任にはサンダース女史が起用された。スパイサー解任と同時にトランプ大統領は広報部長にスカラムチ氏を起用したが、プリーバス首席補佐官と対立して、わずか10日で解任された。その後は、広報部長の職務をケリー首席補佐官が統括することになった。

トランプ大統領は5月にコミーFBI長官も解任した。解任されたコミー長官は、トランプ氏陣営が選挙戦前後にロシアと接触していた疑いに関するFBI捜査に対して、トランプ大統領が捜査妨害を行ったことを示唆する発言を示した。このため、トランプ大統領がロシア問題＝ロシアゲート疑惑で、大統領弾劾に追い込まれるのではないかとの憶測が広がった。

元FBI長官のモラー氏が特別検察官に任命されて捜査が行われているが、これまでのところ、トランプ氏を大統領弾劾に追い込むような材料を提示していない。予断を持つことはできないが、ロシアゲート疑惑によるトランプ弾劾の可能性はさほど高くないと判断される。

パリ協定からの離脱の意味

２０１８年にかけての第二のリスクは、トランプ政権の動揺拡大だ。トランプに対する攻撃が持続している理由は、トランプが米国の支配者の下に完全には移行していないことにある。米国を支配する者とは、巨大な金融資本、石油資本、そして軍事資本である。これらの巨大資本は、欧米のごく一握りの家系によって支配されている。この巨大資本こそ、米国の支配者である。

トランプ大統領は、地球温暖化対策のパリ協定から米国が離脱することを決めた。国連総会でもこの考えを明示した。この国連演説を頭ごなしに批判したのが日本のＮＨＫだ。ＮＨＫはトランプ大統領の国連演説を事実として伝えたのではなく、マクロン大統領を正義の人物とし、トランプ大統領を反正義の人物として報道したのである。

地球温暖化仮説には有力な懐疑論がある。地球の表面温度が上昇してきたのは事実だが、その主因が炭酸ガス排出にあるとの見解は一つの仮説にすぎない。地球の表面温度は地球誕生以降に大きく変動しており、現在よりもはるかに温度の高い時期が過去に存在する。

最も有力な反対仮説は、太陽活動の変化を主因だとするものだ。炭酸ガス濃度と地球の表面温度の相関関係についても、因果関係は逆だとの見解が存在する。CO_2の発生が増えて温度が上昇するのではなく、温度が上昇するから炭酸ガスの濃度が上がるという見解がある。

炭酸ガスの温室効果が温暖化を促すことについての合意はあるが、20世紀に入ってからの地球表面温度上昇の主因が、炭酸ガスの排出増加であるとの仮説に対しては、強い懐疑論が存在する。

化石燃料消費に伴う炭酸ガス発生が温暖化の主因だと認定すると、エネルギー政策として石油石炭発電から原子力発電へのシフトが後押しされる。原発推進の巨大資本が温暖化仮説を好む一方、巨大な石油資本は石油石炭発電から原子力発電へのシフトを阻止するために、温暖化仮説を否定する傾向があるとも指摘される。

また、学界の多数派が温暖化仮説肯定派によって占められるのは、温暖化仮説肯定派に手厚い研究費助成が主因だとも言われる。地球温暖化仮説肯定の研究には巨額の研究費が投下されるが、温暖化仮説を否定する研究には研究費が投下されない現実があれば、研究者はこの資金の流れに引きずられてしまうだろう。

これ以上立ち入らないが、地球温暖化仮説を肯定する者が正義の人物で、地球温暖化仮説を否定する者が不正義な人物であるとの見立ては、中立性、公正性を欠いている。

トランプ政権の通商政策

トランプ大統領がメディアからの激しい攻撃を受け続けている理由について、筆者はトランプ大統領が米国の「闇の支配者＝巨大資本」の支配下に完全に組み込まれていないことにあると指摘した。その象徴となる問題が、ＴＰＰに対するトランプの否定的な姿勢である。

ＴＰＰは米国の諸制度、諸規制をアジア太平洋諸国に押し付ける仕組みである。投資家は期待した利益を得られないときに、投資を行った国に対して損害賠償の訴訟を提起することができる。そして、その紛争処理は世界銀行傘下の紛争処理機関に委ねられ、その決定が拘束力を持つことになる。

これは、主権国家の司法権を剝奪するものであり、国家の上にＴＰＰの裁定機関が君臨することになる。裁定機関の裁定に強い影響力を行使すると考えられるのが巨大資本自身であり、ＴＰＰ参加国の諸規制、諸制度が巨大資本＝多国籍企業の支配下に置かれることになる。

これに対して、トランプ大統領は米国の生産、米国民の雇用、米国の貿易収支均衡化に関心の基軸を置いている。巨大資本にとっては、米国民の雇用も、米国の貿易収支も、米国内での生産も、すべて関心の外側の事項である。巨大資本自身の利益の極大化だけが関心の対象であり、これらの事項にこだわってＴＰＰに反対するトランプ大統領は、多国籍企業＝巨大資本の利益極大化を妨害する邪魔な存在でしかないわけだ。

トランプ大統領は米国内における生産増大を重視し、その米国内での生産拡大が米国労働者の雇用を確保するための方策であると信じて疑わない。この意味では、トランプ大統領の行動は「米国民の利益第一」というものになっており、「巨大資本＝多国籍企業の利益を第一とする巨大資本の基本的発想＝ハゲタカファースト」の思想とは一線を画している。

日本の安倍政権はＴＰＰを推進しているが、そのスタンスは、日本国民の利益第一ではなく、日本を支配している巨大資本の利益第一、すなわち、やはり「ハゲタカファースト」のスタンスであると表現してよいものである。

しかしながら、トランプ大統領のスタンスが、日本の主権者の利益に沿うものではない点に注意が必要だ。トランプ大統領は、ＴＰＰやＮＡＦＴＡに対して否定的なスタンスを示しているが、その一方で、日本との間に日米ＦＴＡを締結して、米国の要求を呑ませようとする姿勢を見せている。

日米ＦＴＡを締結して、ＴＰＰでの日本の譲歩水準を出発点にして、それよりも大きな譲歩を日本に迫る算段なのだ。安倍政権は典型的な対米従属政権、巨大資本従属政権であるから、日米の二国間交渉になったときに、日本国民の国益を守る交渉を行う可能性は極めて低い。日本がＴＰＰ以上の譲歩を米国から迫られ、安倍政権がこれに抵抗せずに、米国の言うがままに要求を受け入れてしまう可能性が高まっている。

歴史の本質と投資の作法

前にも述べたように、１７７３年にロスチャイルドの「世界革命行動計画25カ条」が示されたと伝えられている。それ以前の１７４４年に、マイヤー・アムシェル・ロスチャイルドというロスチャイルド家の創始者が生まれた。その５人の子供がフランクフルト、ロンドン、パリ、ウィーン、ナポリに配置された。

現代にいたる世界経済の展開と、この「世界革命行動計画25カ条」とがシンクロする部分が多いため、世界経済の構造を理解する上での重要な参考資料になっている。

「フランス人権宣言」は１７８９年に出されたが、その基本哲学である「自由・平等・博愛」も、ロスチャイルド家が作り出したものであるとも言われている。

ここに出てくる「自由・平等・博愛」はきれいな標語として、すっと頭に入ってしまうものだが、よく考えると矛盾に満ちている。自由が放任されれば、世界は弱肉強食が支配する。新自由主義の経済政策は、まさに弱肉強食を容認し、結果における格差を放置するものであるが、これと「平等」を両立させることは難しい。

筆者は民主主義と資本主義は対立概念であり、資本主義の欠陥を補うために民主主義が発展してきたのだと考えている。しかし、資本の論理は明確で、資本の利益の飽くなき追求、利益の極大化を目指すものである。

ＴＰＰに代表されるグローバリズムは、まさに巨大資本の利益極大化を実現するための、国家の上位に君臨する枠組み、制度であると理解することができる。

これと対立するのが、平等と民主主義である。つまり、巨大資本は民主主義を望んでいない。望んでいないどころか、これを敵対視していると考えることができる。

「世界革命行動計画25カ条」のなかに、「ゴイムはこの言葉の意味とその相互関係の対立にさえ気付かない」ということが書かれている。「ゴイム」というのは一般大衆のことで、一般大衆を「ゴミ」、あるいは「奴隷」と位置付けているのである。

「自由・平等・博愛」というのは、そもそもが矛盾に満ちたあり得ない組み合わせではあるけれども、人民に、民衆に、「一つの幻想＝イリュージョン」として植え付けられてきたという面がある。

「世界革命行動計画25カ条」には、「大衆への情報の出口をすべて支配すべきである」とも書かれている。メディアを支配し、人民、民衆を情報操作の対象にすることが、２００年以上も前のこの文書に書かれていることは、やはり驚きであると言わざるを得ない。

グローバリズムとは

・大資本の利益を極大化するために

・国境を超えて

・市場原理のみによって経済社会を動かすことを目指す運動である

と筆者は定義しているが、巨大資本の利益を極大化するために、世界を統一市場にして、賃金コストを最小化していくとする考え方が、２００年以上も前のロスチャイルド家の基本計画のなかに示唆されていることには、重大な関心を払っておく必要がある。

18世紀のロスチャイルド家によって打ち立てられた「世界革命行動計画」の延長線上に、現在の世界があるとの考え方を、頭ごなしに笑い飛ばすことはできない。

東西冷戦が終了し、東西の軍事衝突のリスクが低下するなかで、２００1年9月11日に米同時多発テロが発生し、ブッシュ大統領が直ちに「テロとの戦い」を宣言した。その後、実際に米国はアフガニスタン、イラクなどと戦乱を引き起こし、いまなお中近東に戦乱の火種が残されている。

さらに、冷戦の残影はいまなお残り、ウクライナを巡ってロシアと西側諸国の対立が再度表面化したのも、つい最近の出来事である。

戦争を「必要」とする軍産複合体にとって、イラク、イラン、北朝鮮は世界のなかで最も重要なビジネスチャンスを提供するエリアになっている。

第4章　難局に差し掛かるＦＲＢ

２０１８年に正念場を迎えるＦＲＢ

トランプ政権の行方を占う3つの重要な問題がある。

第一の問題は、ロシアゲート疑惑。5月にトランプ大統領はコミーＦＢＩ長官を更迭した。ＦＢＩ長官を更迭されたコミー氏は、トランプ大統領によるロシアゲート疑惑捜査への妨害があったことを示唆する発言を示した。この情報が5月11日前後、金融市場に動揺を与えた。そして1カ月後の6月8日、コミー長官は議会証言を行ったが、事前に公表されていた事実以上の重大事実は示されなかった。米国議会は、この問題の捜査について、元ＦＢＩ長官であるモラー氏を特別検察官に任命し、現在も捜査が進められている。

新たな重大事実が表面化する可能性が皆無とは言い切れないが、この問題によってトランプ氏が大統領弾劾に追い込まれる可能性は低下しつつあると考えられる。

第二の問題は、トランプ大統領が政権運営を円滑に推進するための議会対策に成功するのかどうか。最高裁判事人事では議会共和党との融和、政府債務上限問題、暫定予算成立では議会民主党との融和を実現した。メディア情報と現実との間に少なからぬずれがある。

第三の問題が、トランプ大統領にとって最大の試金石になると考えられるＦＲＢ人事対応だ。ＦＲＢのイエレン議長が２０１８年２月に任期満了を迎える。ナンバー２のスタンレー・フィッシャー副議長が６月に任期満了を迎える。そのフィッシャー副議長が２０１７年９月、同年10月に辞任する意向を表明した。

米国の金融政策を決定する会合がＦＯＭＣ（公開市場委員会）である。ＦＯＭＣは、ＦＲＢの議長、副議長、そして５名の理事、さらにニューヨーク連銀総裁と、他の連銀の代表者４名による合議体だ（10月現在は空席２名で計９名）。地区連銀の代表者は、12の地区連銀を４つのグループに分け、それぞれ１名ずつ、各年４名が議決権を持つメンバーとしてＦＯＭＣに参加する。次年度に議決権を持つメンバーはオブザーバーとして議論に加わる。

２０１８年はリッチモンド、クリーブランド、アトランタ、サンフランシスコの連銀総裁がＦＯＭＣメンバーになるが、そのうち２名が金融引き締め政策に積極的なタカ派のメンバーであると見られている。

金融引き締め政策を加速する必要に迫られる可能性のある２０１８年に、ＦＯＭＣメンバーにおけるタカ派メンバーが増加する。この状況下でＦＲＢ議長、副議長にタカ派色の強い人物

FOMCメンバーの政策スタンス

区　分	氏　名	役　職	政策スタンス	2016年	2017年	2018年
常に投票権を保有	イエレン	FRB議長（任期18/2/3まで）	ハト	○	○	○
	フィッシャー	FRB副議長（17/9に辞任表明）	中立	○	○	
	タルーロ	FRB理事（任期22/1/31まで）	ハト	○	○	○
	ブレイナード	FRB理事（任期26/1/31まで）	ハト	○	○	○
	パウエル	FRB理事（任期28/1/31まで）	中立	○	○	○
	ダドリー	ニューヨーク連銀総裁	ハト	○	○	○
2016年投票メンバー	ローゼングレン	ボストン連銀総裁	中立	○		
	メスター	クリーブランド連銀総裁	タカ	○		
	ブラード	セントルイス連銀総裁	ハト	○		
	ジョージ	カンザスシティー連銀総裁	タカ	○		
2017年投票メンバー	ハーカー	フィラデルフィア連銀総裁	タカ		○	
	エバンス	シカゴ連銀総裁	ハト		○	
	カプラン	ダラス連銀総裁	中立		○	
	カシュカリ	ミネアポリス連銀総裁	ハト		○	
2018年投票メンバー	ラッカー	リッチモンド連銀総裁	タカ			○
	メスター	クリーブランド連銀総裁	タカ			○
	ロックハート	アトランタ連銀総裁	中立			○
	ウィリアムズ	サンフランシスコ連銀総裁	中立			○

日米金融政策決定会合日程

	日銀政策決定会合	FOMC
2017年	9月21日－21日	9月19日－20日
	10月30日－31日	10月31日－11月1日
	12月20日－20日	12月12日－13日
2018年	1月22日－23日	1月30日－31日
	3月81日－9日	3月20日－21日
	4月26日－27日	5月1日－2日
	6月14日－15日	6月12日－13日
	7月30日－31日	7月31日－8月1日
	9月18日－19日	9月25日－26日
	10月30日－31日	11月7日－8日
	12月19日－20日	12月18日－19日

が起用されると、ＦＲＢの政策運営が、急激に引き締め強化に傾斜する恐れが高まる。急激な金融引き締め政策は、経済に強い下方圧力を与えるだけでなく、長期金利急騰や株価急落などの激しい金融変動を引き起こす原因になり得る。

２０１８年に最も強い警戒感を保持しなければならないリスクが、ＦＲＢリスクだと考える。ＦＦレート（フェデラル・ファンドレート＝米国の代表的な短期政策金利）と株価の過去25年間の関係を検証すると、金融引き締めが強化され、経済が急激に悪化する局面で株価が暴落していることが分かる。このような局面が２０１８年に顕在化するのかどうかが最大の焦点になる。この鍵を握るのがＦＲＢ人事である。

ＦＲＢ人事とＦＲＢの苦闘

ニューヨークダウは２０１６年の大統領選の直前、ヒラリー・クリントン国務長官の私的メール使用問題で、クリントンが大統領選で敗北するかも知れないとの憶測が広がった11月４日に１万７８３３ドルの安値を記録したが、トランプが大統領に就任して９カ月が経過した２０１７年10月24日には２万３４８５ドルにまで上昇した。11カ月で５６００ドル、３割の株価暴騰が発生した。歴代政権のなかで群を抜く株価上昇実現政権となっている。

この間の米国経済は、基本的には順調に推移したと言えるが、成長率が跳ね上がったわけではない。また、大統領選と同時に始動した株価急騰時に指摘された、トランプ新政権の「成長政策」が具体的に決定されたわけでも、実施されたわけでもない。何も重大な変化が生じないなかで、株価上昇だけが止まるところを知らずに継続してきたと言える。

成長政策との関連では、成長政策に対する「期待」で株価はすでに十分に盛り上がってしまった。あとは成長政策の「現実」が付いてこなければおかしい。そんな状況であるとも言える。しかし、実際に米国経済の成長率が高まるならば、そのときには、ＦＲＢによる金融引き締め強化という厄介な問題が、もれなく付いてくる可能性が高い。

ＦＲＢが、いよいよ金融引き締め政策を本格化させなければならない状況が生まれてくるのか。長く続いた宴の後には、必ず何らかの崩落がある。その崩落が、いよいよ迫りつつある。筆者はこの認識を２０１８年に感じ取っている。

２０１７年版の本シリーズ『反グローバリズム旋風で世界はこうなる』の帯に「日経平均２万３０００円、ＮＹダウ2万ドル時代へ！」「２０１７年、株価再躍動」と記した。

その予測通りに２０１７年市場は動いた。しかし、２０１８年については規模の大小はともかく、何らかの波乱が生じる可能性が高いことを指摘しておきたい。その波乱の核心に位置することになると考えられるのが、米国の金融政策の周辺事情である。

２０１７年の米国経済について、筆者は米国経済のインフレなき成長持続には、成長政策の策定と実施が先送りされることが望ましいとの見解を提示した。成長政策の策定と実施の遅れが望ましいとの判断は、次のロジックによる。

米国の失業率が４・３％ないし４・４％という歴史的低水準にまで低下している。ＦＲＢは、すでに金利引き上げ政策＝金融引き締め政策に着手している。この状況下で大型景気対策が決定、実施されれば、インフレ予想が高まり、金融引き締め政策の加速がもたらされる。この引き締め強化こそ、米国経済を後退局面に転じさせる引き金になる。

この状況を早期に到来させないためには、大規模な成長政策の策定や実施が先送りされるのが望ましい。実際に、トランプ政権の成長政策の具体化、議会での承認、その実施のスケジュールは、当初の計画より大幅に遅延している。この遅延が、結果的に米国金融変動に望ましい変化をもたらしてきた。

２０１７年の夏から秋にかけて、ＦＲＢは非常に落ち着き、極めて快適な状況が続いている。しかし、「好事魔多し」の格言を忘れてはならない。この快適な状況が、「嵐の前の静けさ」になる可能性がある。

ＦＲＢ議長の有力候補は5名に絞られている。現ＦＲＢ議長のジャネット・イエレン氏、ＦＲＢ理事のジェローム・パウエル氏、元ＦＲＢ理事のケビン・ウォーシュ氏、国家経済会議＝ＮＥＣ委員長のゲーリー・コーン氏、そして、スタンフォード大教授のジョン・テーラー氏である。トランプ大統領は２０１７年10月にかけて、この5名の候補者と面談した。

さらに、候補者を3名に絞り込んだ。イエレン氏、パウエル氏、テイラー氏の3名だ。最適人事はイエレン氏なのだが、イエレン氏が民主党に近いことが最大の障害だ。パウエル氏であれば政策路線は激変しないが、ＦＲＢをまとめ切れるかが未知数だ。

共和党関係者はテイラー氏の可能性が高まったと指摘するが、テイラー氏の就任が最も警戒を要するものになる。市場の信任を得るのは、一朝一夕というわけにはいかないからだ。

ウォーシュ氏は元ＦＲＢ理事で、義父がトランプ氏と友人関係にあることから候補の一人となったが、ＦＲＢのこれまでの金融緩和重視の政策運営に反対してＦＲＢ理事を辞任した経緯を有する。また、ＮＥＣ委員長のコーン氏は当初最有力候補とされたが、白人至上主義に関するトランプ氏発言を巡り関係を悪化させたと見られており、可能性が低下した。

トランプ大統領のＦＲＢ人事の決断が、２０１７年の政権の帰趨を決すると言って過言ではない。

株価急落局面はいつ到来するのか

左ページ上のグラフは、１９９１年から２０１５年までのＦＦレートと米国株価の推移を示している。この25年間で株価が急落したのは二度だ。２０００年代初頭とサブプライム危機の２００７～２００９年だ。両者に共通するのは、ＦＦレートの引き下げが始動する局面で株価が急落していることだ。景気が過熱し、利上げが加速した結果、経済活動が急激に暗転した

FFレートと米国株価の関係（1991～2015年）

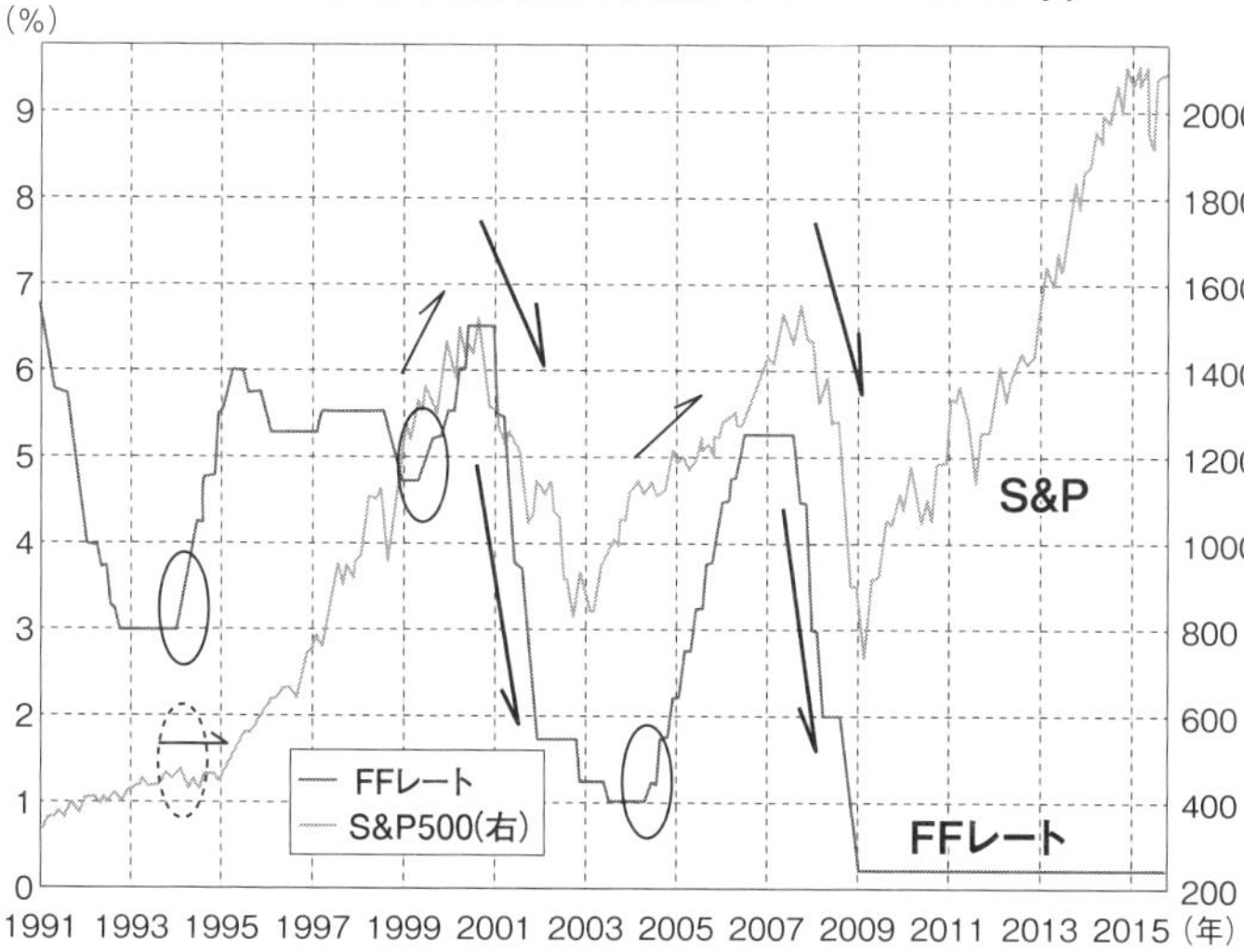

FFレートの推移（過去45年）

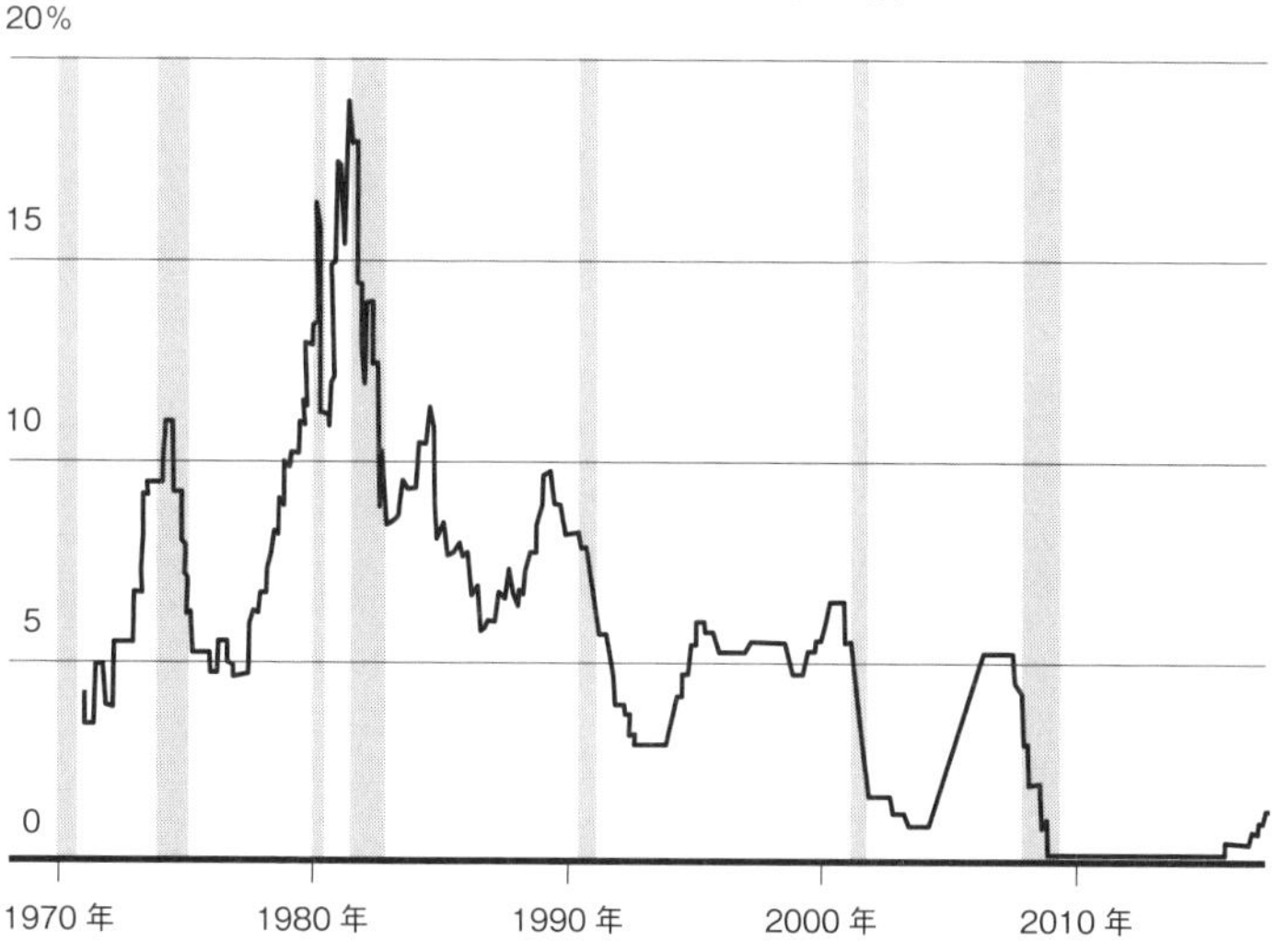

局面である。

株価急落が、常にこのメカニズムで発生すると決めつけるべきではないが、このような経済状況が生じる場合には株価急落を警戒すべきだと言える。

米国経済の拡大傾向が強まり、利上げが加速し、その延長線上で経済が暗転する。この場面が2018年に顕在化するのかどうか。

資産防衛、投資戦略構築の視点からは、「具体的にどのような対応策を考えていけばよいのか？」との疑問が浮上する。

この疑問への解答として、本書は次の3つの指標への注視を提言する。

第一は、毎月の雇用統計だ。

雇用統計では、非農業部門雇用者増加数が最大の注目点になる。経済が巡航速度で飛行している場合には、この数値が15～20万人になる。これよりも多い数値は景気の過熱、少ない数値は景気の減速と捉えられる。ただし、ハリケーン襲来などで一時的に数値が攪乱される場合があり、そのようなケースでは数字が強い意味を持たなくなる。

雇用統計で注目されるのは雇用者増加数だけではない。もう一つの注目点が、時間当たり賃金の変化率だ。インフレを決定する最大の要因が賃金上昇率である。賃金上昇率が上昇すればＦＲＢの政策スタンスは厳しくなり、賃金上昇率が低下すればＦＲＢの引き締めスタンスは緩む。より重視されるのは前月比の変化で、前年比上昇率は賃金上昇率の傾向を判断するために

米国雇用者増加数と失業率の推移（直近1年）

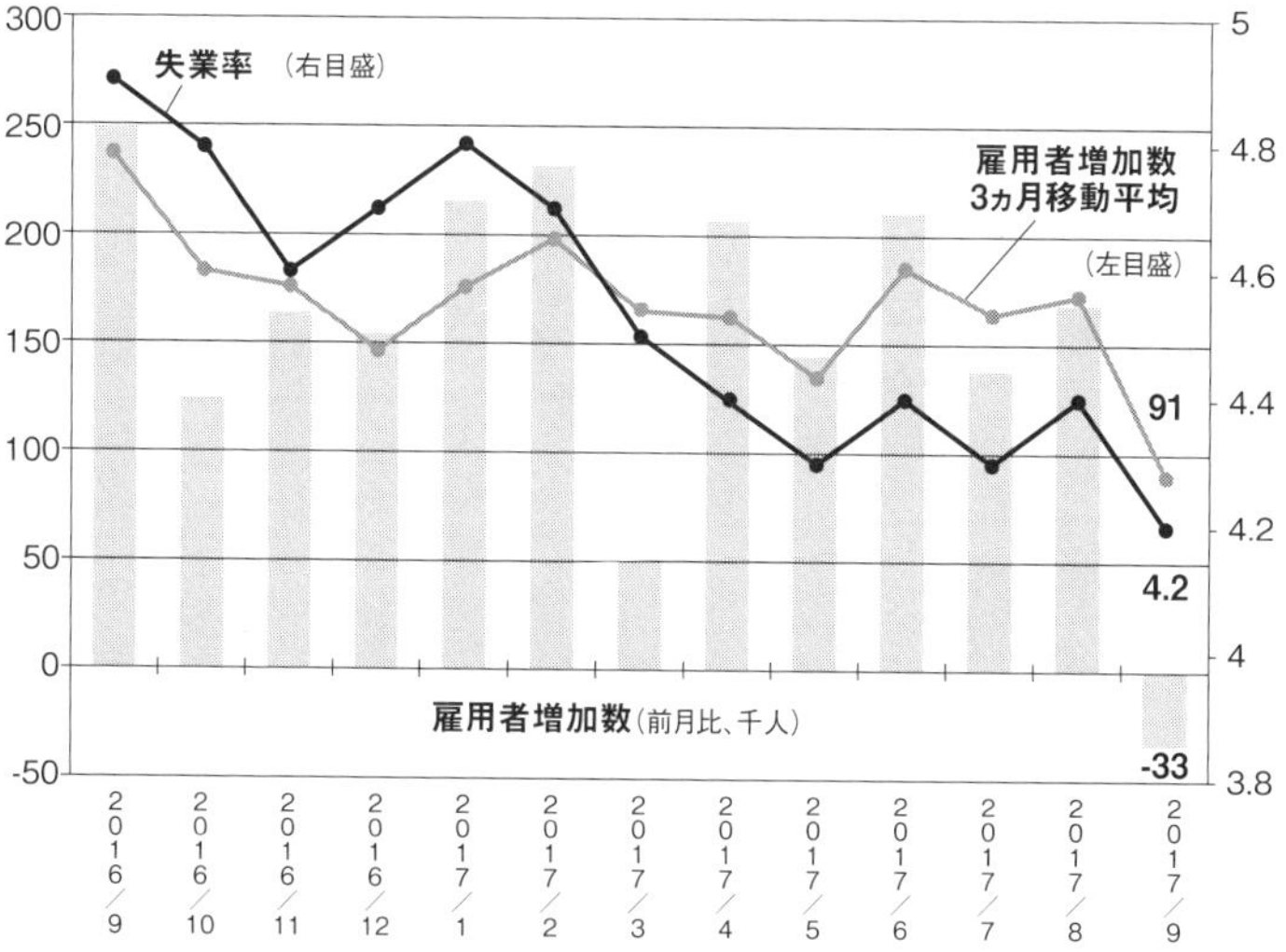

活用される。

第二はＰＣＥ。個人消費支出の価格指数である。消費者物価指数に近い。

ＦＲＢはＰＣＥ前年比上昇率の目標を２％としている。２％を下回っていれば、ＦＲＢが金融引き締めを加速させる理由は乏しくなる。２％を超えてくれば、ＦＲＢの金融引き締めが加速されざるを得ない。

そして、第三がＷＴＩ＝原油価格の変化である。ＦＲＢの目標は完全雇用の維持と物価の安定だ。現在は完全雇用に近い状況で、ＦＲＢはこの雇用情勢を維持するために、インフレの未然防止を重要視している。インフレ指標として重視されているのはＰＣＥだが、物価環境全体に強い影響力を与えるのが原油価格動向なのである。

物価変動のいわば先行指標として、ＷＴＩ

米国PCE価格指数の推移

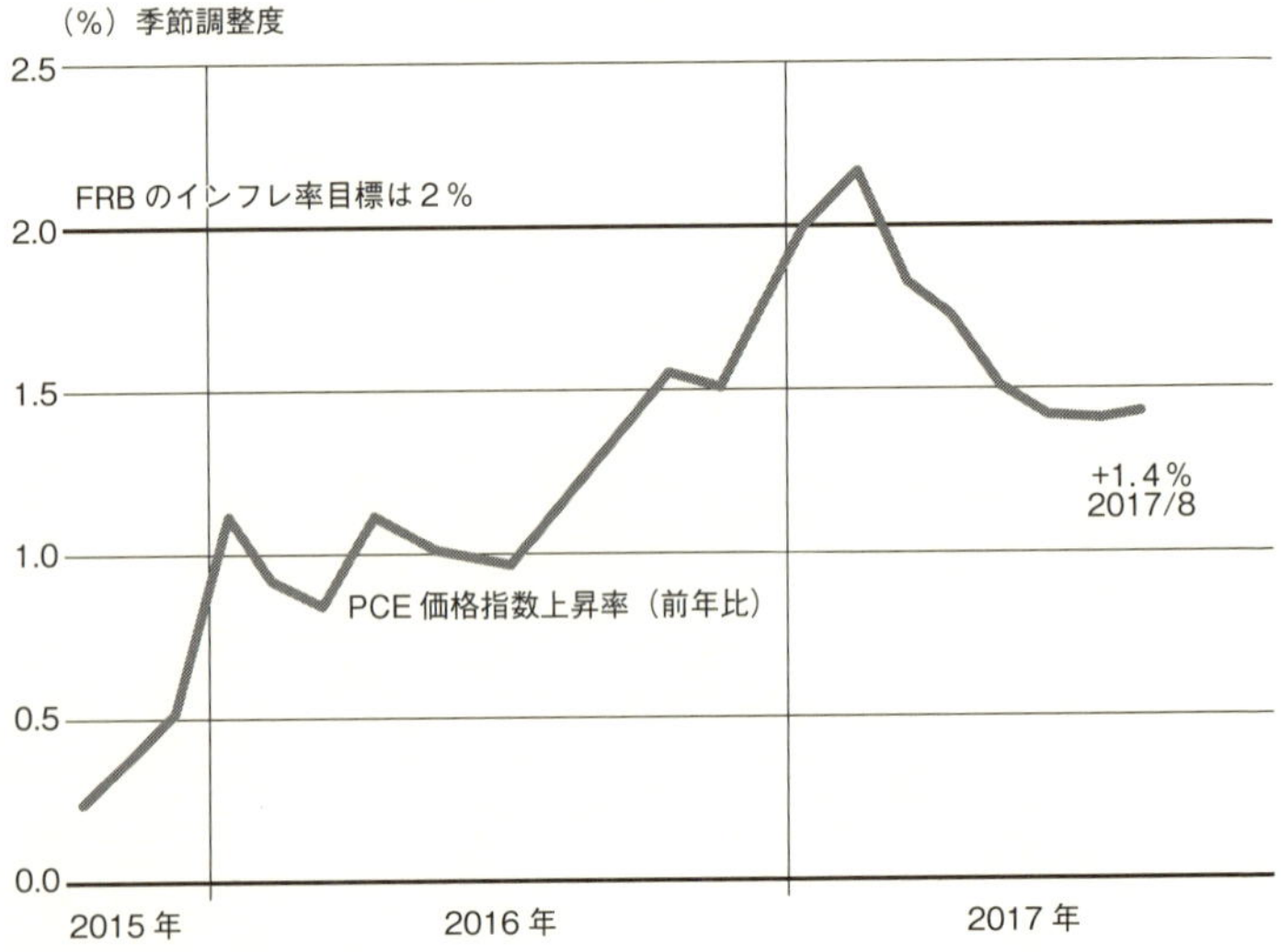

推移を注視しておく必要がある。ＷＴＩ先物価格は、２０１６年2月に１バレル＝20ドル台にまで低下した。世界経済が崩落すると叫ばれた時期である。この局面で開かれた上海Ｇ20会合が、世界経済の下方リスクを断ち切るうえで極めて重要な働きを示した。上海Ｇ20会合を境に、世界経済は緩やかな底入れを実現していった。

これを転換点にして、ＷＴＩの価格トレンドは下落から上昇に転じた。そして、２０１７年10月時点でＷＴＩ価格は１バレル＝50ドル近辺で推移している。このＷＴＩ先物価格が１バレル＝60ドルを超えてきたら、強い警戒が必要になる。転ばぬ先の杖、２０１８年リスクを早期に警戒するためのシグナルとして、ＷＴＩ価格を注視することが有用であると考える。

WTI先物（直近3年）

雇用統計、ＰＣＥ価格指数上昇率、そして、ＷＴＩを注視することによって、ＦＲＢの金融引き締め加速とそれに連動する株式市場の波乱という２０１８年リスクに、余裕をもって対応できると考える。

金利と金価格・金利とＲＥＩＴ指数

ここで日米の金利変動と、金利変動が主たる変動要因である金価格およびＲＥＩＴ（不動産投資信託）指数の変化について考え方を整理しておこう。

これに先立ち、ＦＲＢの金融政策運営に影響を与えている主要な経済指標の動向を確認しておきたい。米国の実質ＧＤＰ成長率は、概ね年率２％程度のペースが維持されている。ほぼ巡航速度の景気拡大が続い

米国実質GDP成長率（直近8年）

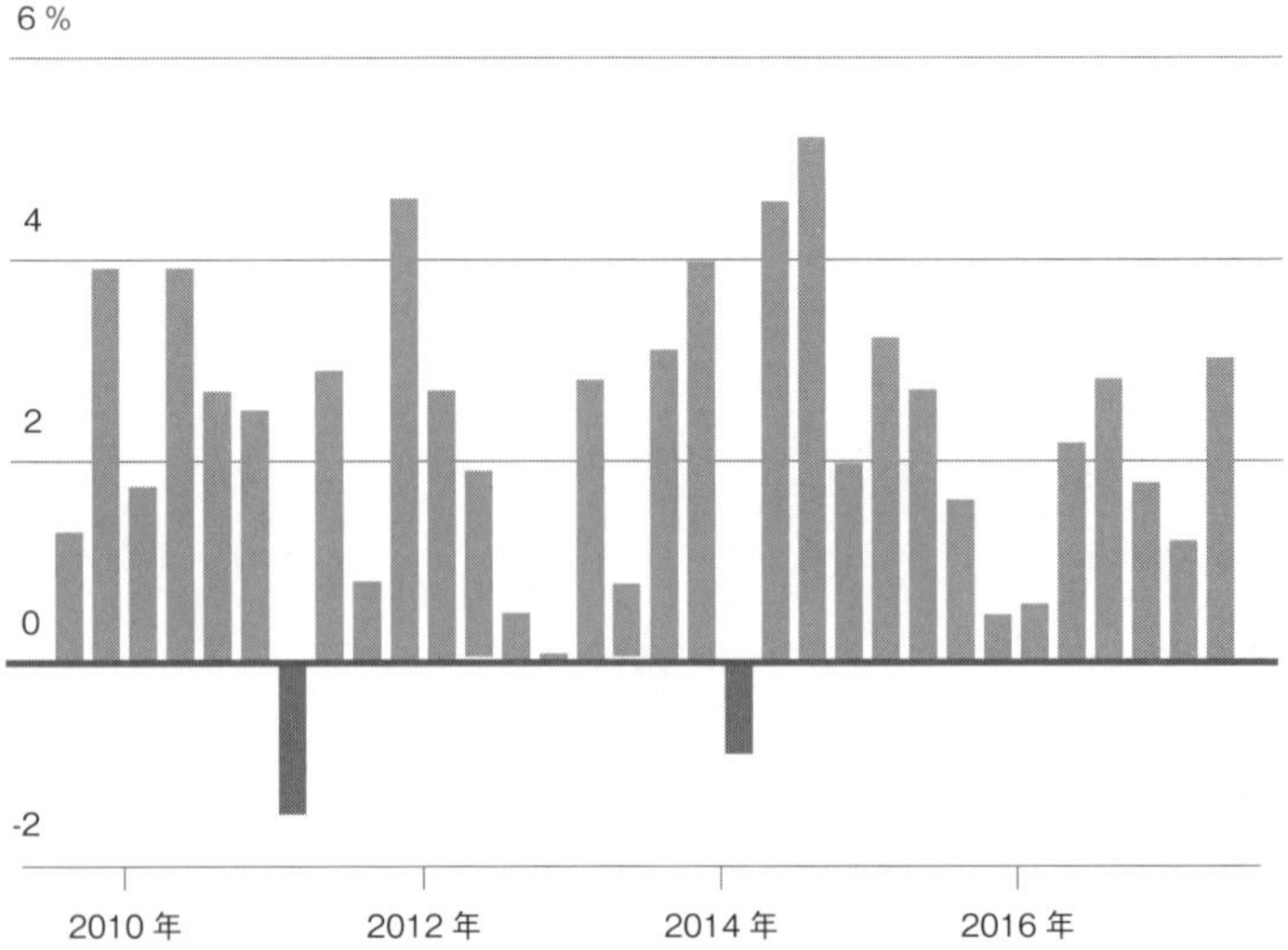

ていると表現してよいだろう。

他方、インフレは落ち着いている。既述したように、ＰＣＥ＝個人消費支出の価格指数の前年比上昇率はプラス１・４％。ＦＲＢ目標値の２％よりも、かなり低い水準で推移している。

雇用統計では非農業部門の雇用者増加数に焦点が当てられるが、２０１７年９月はハリケーンの影響で雇用者数が３・３万人の減少になった。サプライズを与える数値ではあったが、ハリケーンという特殊要因によるものであったため、金融市場は反応しなかった。

同時に発表された時間当たり賃金が前月比プラス０・５％、前年比プラス２・９％の高い伸びを示したことも影響したと考えられる。

他方、景気の実態を知る手がかりとして用いられるＩＳＭ景況感指数では、製造業、非

米国ISM景況感指数

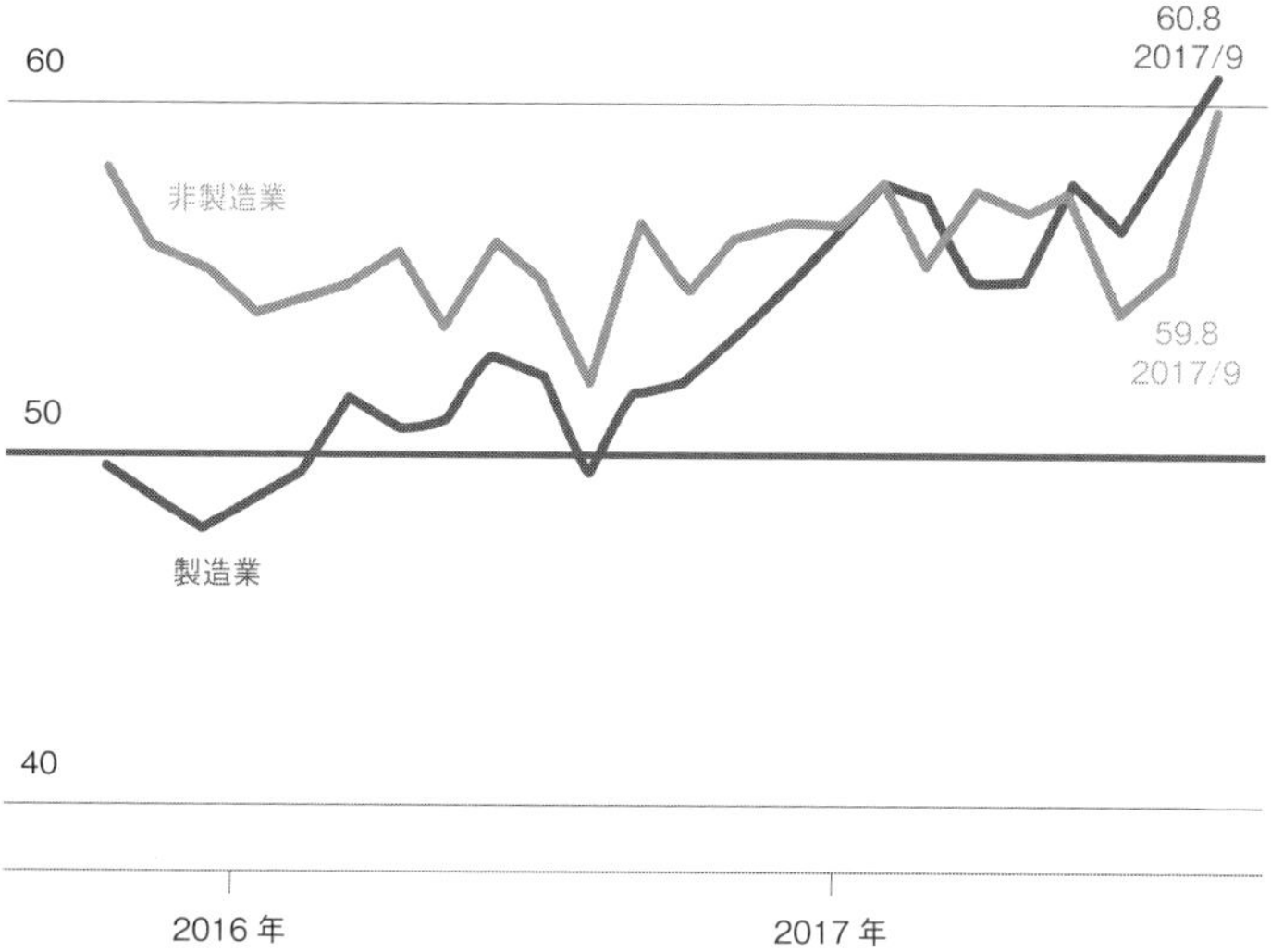

製造業ともに非常に強い数値が確認されている。米国経済はインフレが落ち着いているため、ＦＲＢの政策運営にゆとりが生じているが、経済の基調は決して弱くない。この状況が維持されている。

したがって、今後、世界経済が順調に浮上し、そのなかで原油価格の上昇が持続すると、２０１８年にはＦＲＢの金融引き締め加速の必要性が高まる可能性が高い。この可能性を念頭に入れておくべきであろう。

また、９月のＦＯＭＣ議事録は、２０１７年12月に、２０１５年12月の利上げから数えて５度目の利上げを実施することを想定するＦＯＭＣメンバーが多数であったことを示した。想定どおりの利上げが実施される可能性が高いことも頭に入れておくべきである。ただし、今後の経済指標によっては、ＦＲＢの判断がいつでも変化し得ることを踏まえておかねばならない。

ドル表示金価格は、米国長期金利と逆相関の関係を示す。米国金利低下が金価格上昇、金利上昇が金価格下落の連動関係を示す。米国金利にはなお上昇の可能性があるから、ドル表示金価格の高値追いには警戒が必要になる。

直近10年の推移では、２０１４年から15年にかけて長期金利が低下したのに、金価格が下落し続けた。これは一般的な相関関係の逆である。この期間の大きな特徴は、継続して米国利上げ始動観測が金融市場を支配したことである。利上げ始動観測が金価格を抑制したのだと考えられる。

そのために、２０１５年12月にＦＲＢが利上げに踏み切った局面で、金価格が大幅な反動高を示したのである。

日本の長期金利は、２０１６年６月のマイナス０・３％が大底になったと判断している。東証ＲＥＩＴ指数は中国の動向から強く影響を受けて乱高下したが、２０１６年央に金利が最低値を記録したことを背景に、その後は下落基調が支配的になっている。

日本の長期金利が低位にとどまっている間はＲＥＩＴ指数の大幅下落が抑制されるだろうが、日本の長期金利が急騰する局面ではＲＥＩＴ指数の調整が大幅になる可能性がある。２０１８年リスクとして頭に入れておくべきだ。

米国10年国債利回り（直近3年）

ドル表示金価格（直近3年）

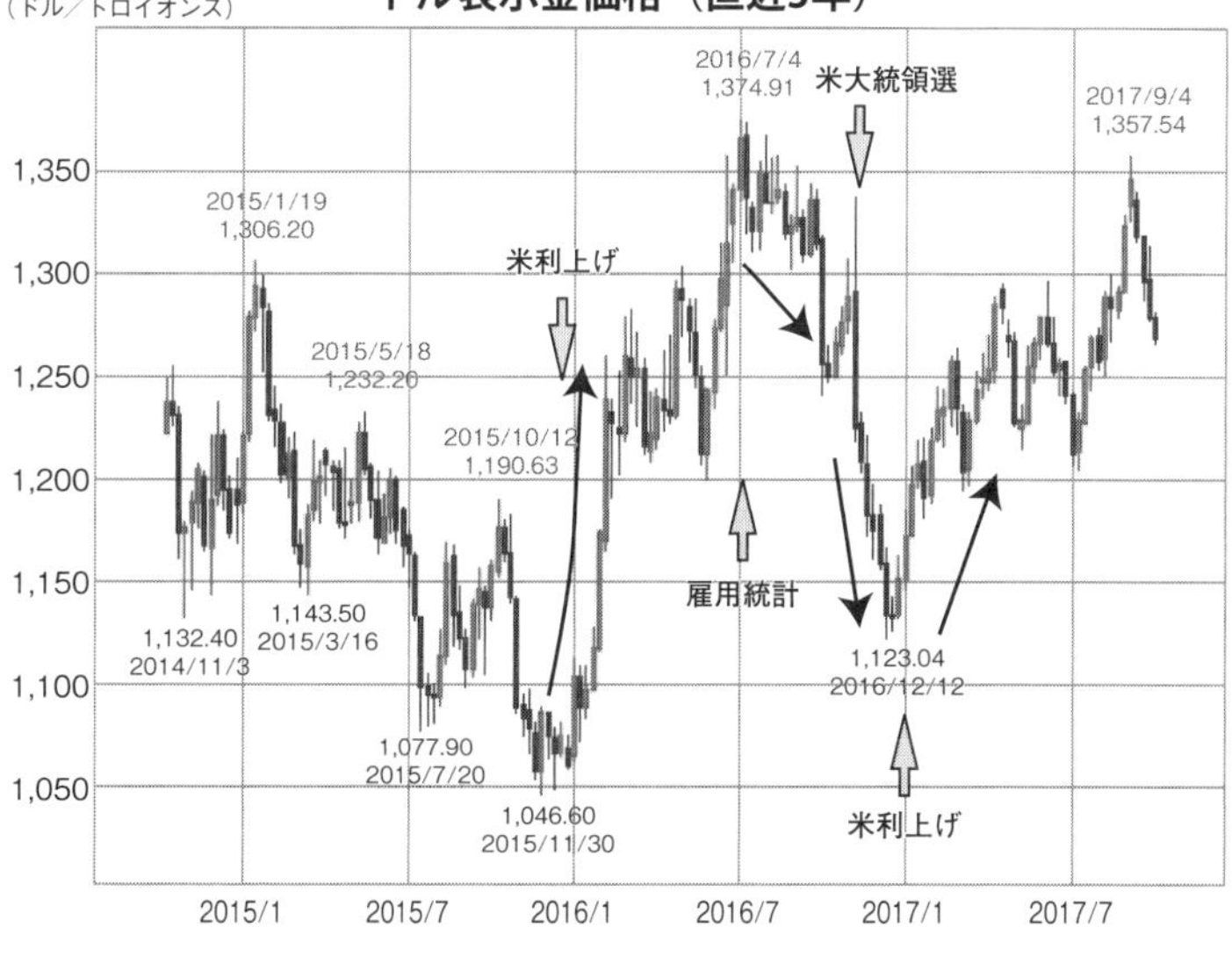

米国10年国債利回り（直近10年）

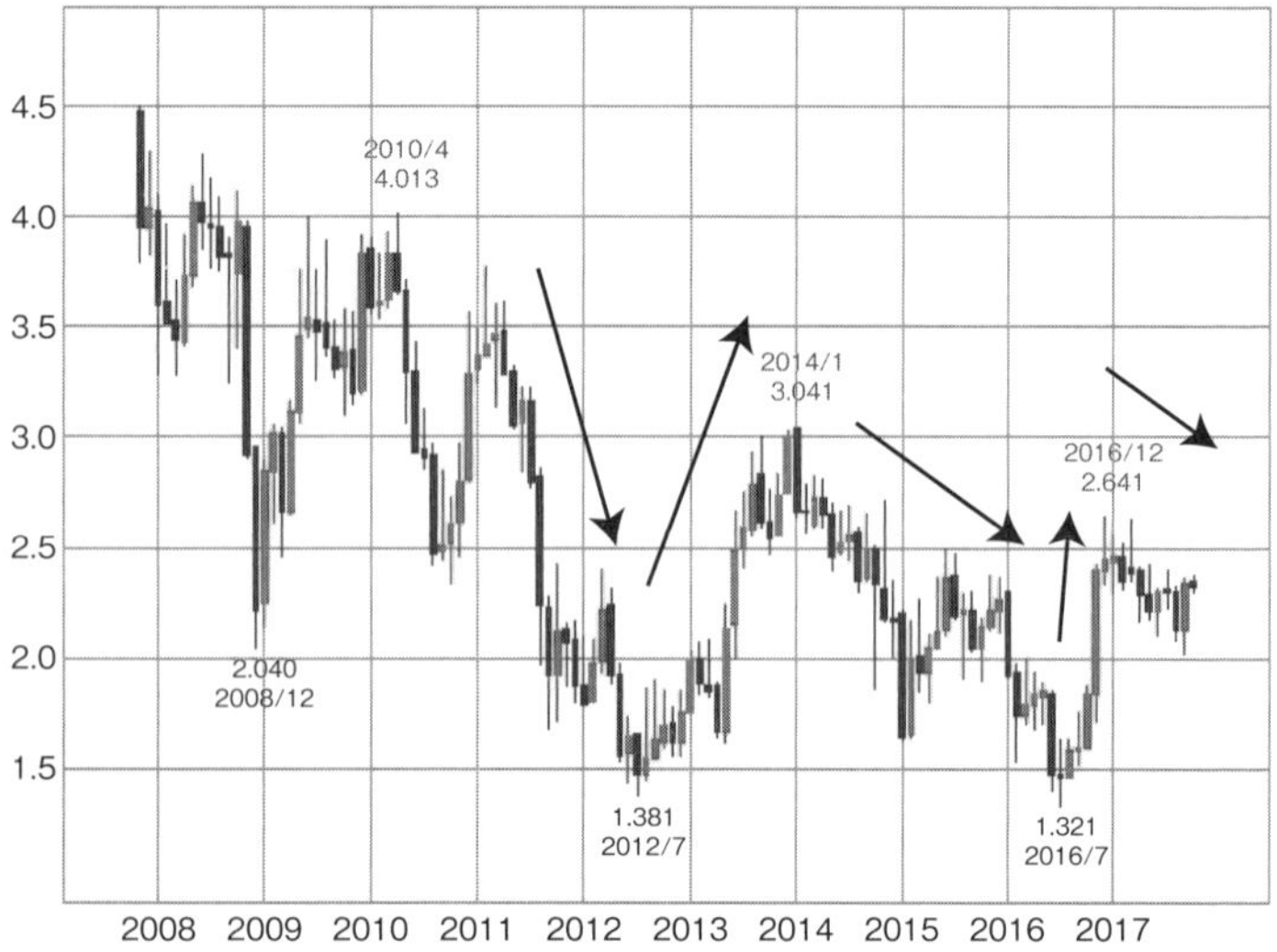

ドル表示金価格（直近10年）

日本10年国債利回り（直近3年）

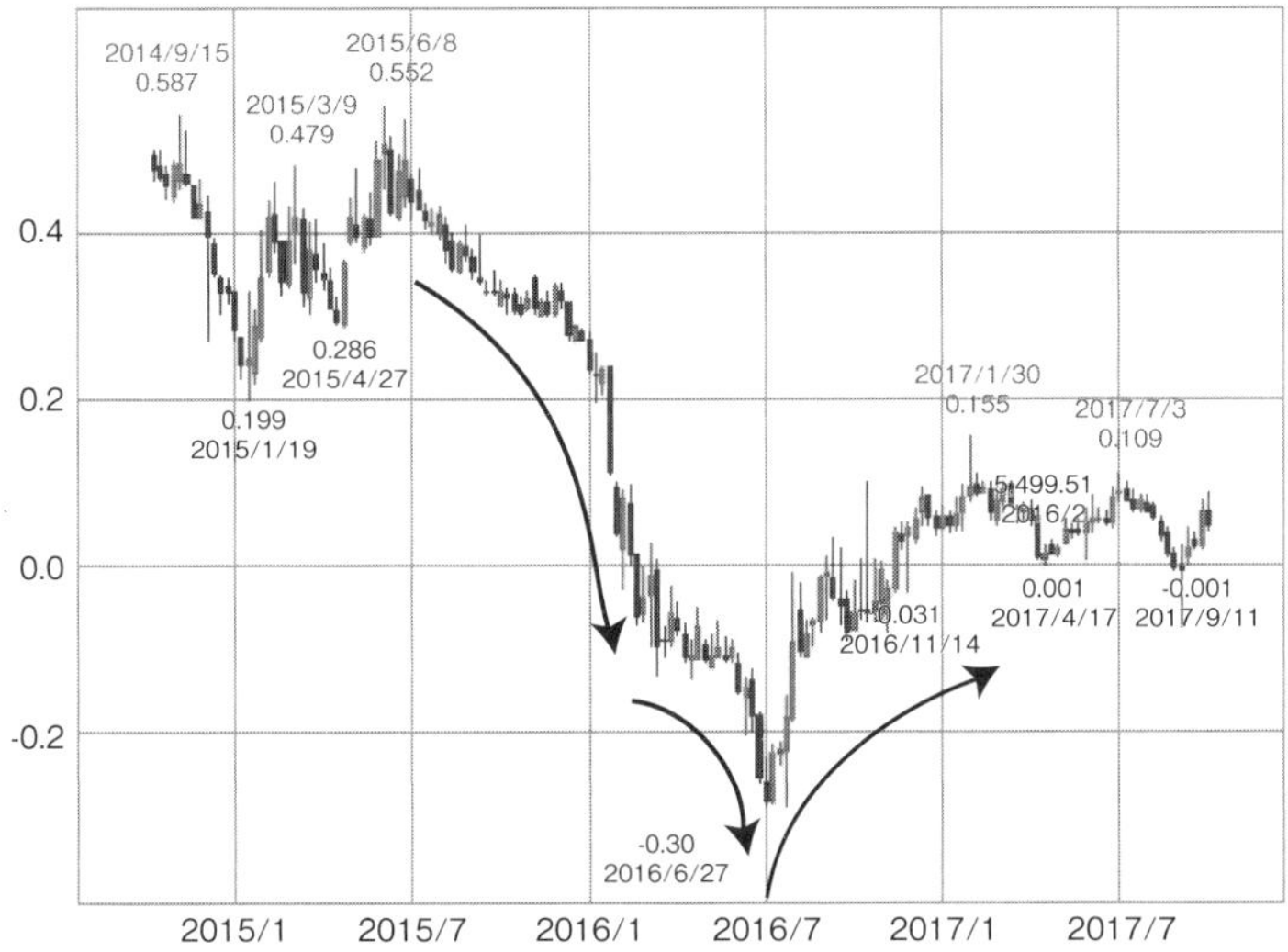

東証REIT指数（直近3年）

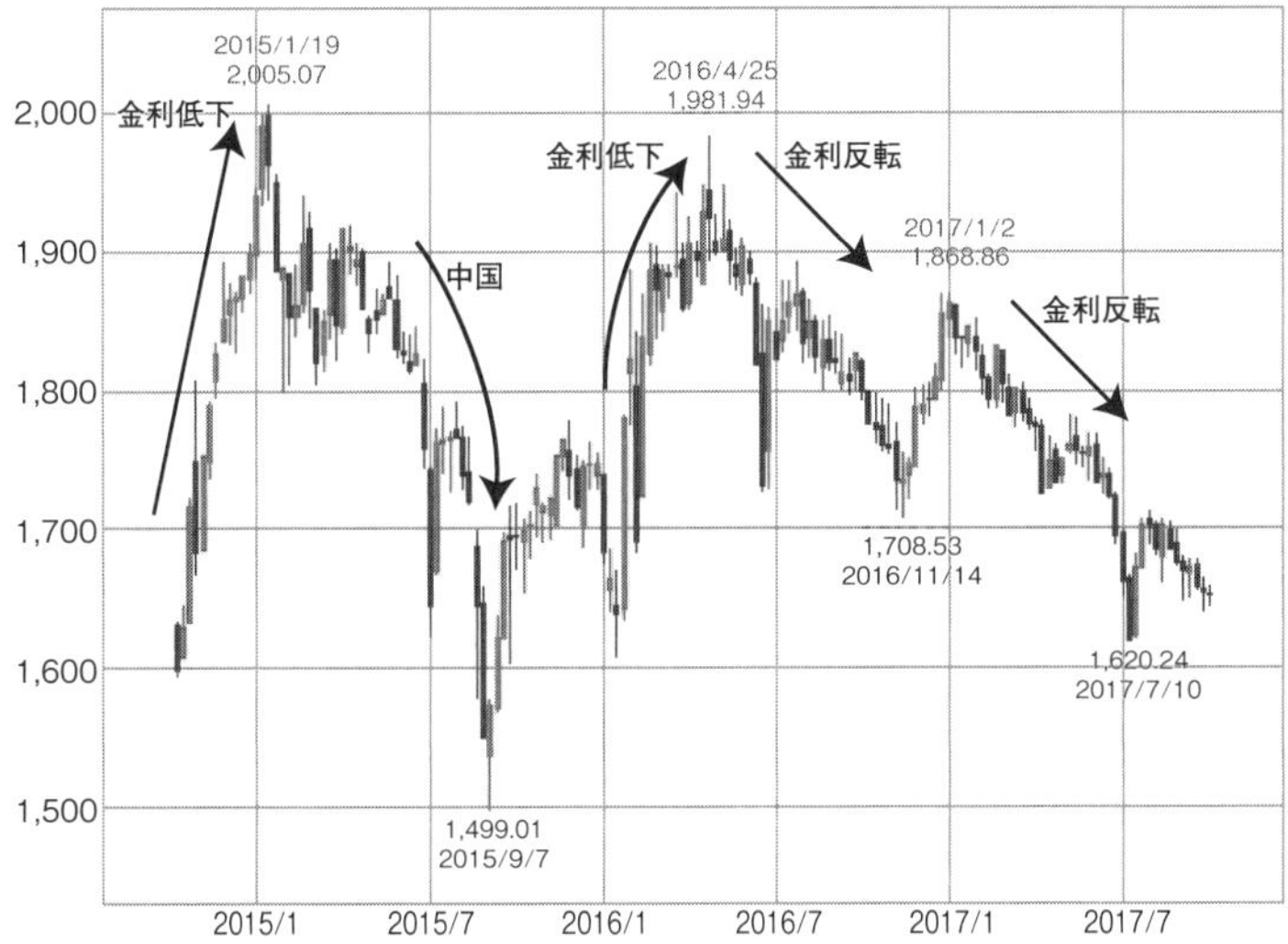

黒田日銀破綻の危機

ＦＲＢは、２０１７年９月のＦＯＭＣでバランスシート縮小、保有資産縮小の方針を決めた。ＦＲＢはすでに量的緩和を縮小し、金利引き上げに踏み切り、そして、資産圧縮という超金融緩和政策の出口戦略の第３ステージに移行した。

ところが日本では、巨額の量的金融緩和政策が維持され、量的金融緩和の縮小、いわゆるテーパリングにさえ、まだ踏み込めていない。この後、量的金融緩和を縮小・中止し、金利引き上げに着手した上で、資産圧縮という３つのステップを踏んでいかなければならない。金融緩和の出口戦略が、まだ何も実行されていない状況にある。

こうしたなかで、日銀がいつどのようなかたちで出口戦略を実行するのか、不透明感が高まっている。日本銀行は２０１７年３月末時点で、４９０兆円の資産を保有しており、その資産のうち国債残高が４１８兆円（長期国債３７７兆円、国庫短期証券41兆円）である。

日本の長期金利が上昇する場合、日銀資産の時価評価額が急減する。国債は満期まで保有すれば額面金額が償還されるし、日銀の会計処理上は、保有国債の評価損を計上しなくてよいから影響がないと主張する向きがあるが、これは正しい主張でない。

日本の会計制度では、２００１年３月期より、金融商品について「時価主義」が原則適用となっている。時価主義とは、資産・負債を評価する際に、その時点での市場価格を用いて評価し、財務諸表に反映する会計の考え方のことである。時価主義は取得原価主義の対極にある考え方である。取得原価主義では取得時からの価格の変化が財務諸表に反映されず、含み損益が明示化されない。そのため、財務諸表が企業の財務実態から乖離《かいり》してしまう。

日銀は株式を公開している上場企業であり、「企業の実態をより正確に・保守的に表す」必要がある。バブル崩壊等の資産価格下落が拡大した局面で、日本の金融機関に対し保有資産の評価において、その時点での市場価格を用いて評価し、財務諸表に反映させることが必要だと唱えてきた日銀が、自身の保有資産の評価を時価で行わなくてよいとするのは、どこにも通用しない「ご都合主義」と言わざるを得ない。

民間企業に時価主義を強制しておきながら、日銀だけ時価主義の適用除外にする合理的根拠は存在しない。これは、日本政府が保有する外貨準備資産、すなわち保有米国国債の円表示評価額についてもまったく同じことが言える。円高が進行すれば、巨大な為替含み損失が発生するが、日本政府はこの含み損失を隠蔽して表示しない。このような不正会計処理が、公的部門でまかり通っている。

長期金利が大幅に上昇すれば、数十兆円、あるいは数百兆円の資産評価損が発生する。日銀の自己資本は引当金を含めても７兆８０００億円であり、日銀が巨大な資本不足、債務超過に陥るリスクが極めて大きい。また、短期金利が大幅に上昇すれば、日銀が支払う、日銀債務に対する利払い費が増加し、評価損を取り除いても、年間当たりの損益として7兆円程度の損失が発生することも試算によって明らかになっている。

野放図に巨大な米国債購入を続けてきたツケが、一気に噴出する局面が迫りつつある。2018年にFRBが金融引き締めを加速すれば、ドルが上昇する。日本から見れば、円安の進行である。

世界経済が2018年にかけて拡大傾向を強める場合、原油価格（WTI）が1バレル60ドルを突破して上昇することも考え得る。そうなれば、当然、日本のインフレ率にも影響が生じてくる。日銀はその局面で、直ちに量的金融緩和の縮小、さらに短期金利の引き上げに進んでいかねばならなくなる。このとき、日本の債券市場が音を立てて崩れることも考えられるわけだ。

その局面では、日銀が巨大な国債評価損失に直面する。日銀の黒田東彦総裁は、保有国債の時価が暴落しても、暴落価格を損益計算書、貸借対照表に計上することが義務付けられていないから問題がないとの見解を国会答弁で示したが、時代錯誤の妄言としか言いようがない。金融市場は、現実の価格＝時価によって日銀財務の健全性を測る。時価から乖離した帳簿価格で損失が生じていないと強弁しても、金融市場の日銀に対する評価が改善されないことは明白だ。

1990年代、日本の金融機関は銀行破綻の危機に直面した。理由は、金融機関保有資産の時価が暴落したことにあった。当初、金融機関は保有資産の時価評価を避けた。時価で評価すれば財務状況の破綻が明らかになるからだ。しかし、このことが問題処理を遅らせる最大の原因になった。

当時の大蔵省の対応は「場当たり、隠蔽、先送り」と批判された。時価主義を遠ざけて損失に真正面から向き合わなかったために、その後の日本経済が10年単位、20年単位の暗闇を通過することになったのである。

このとき、会計処理上、資産価格を時価評価しなくてよい制度があれば、金融機関の危機、破綻は避けられたのか。答えは否である。帳簿価格が高くても実勢価格、時価が暴落していれば、銀行に対する信認は暴落する。日銀が帳簿上の簿価を修正せず、巨大な含み損から目をそむけても、金融市場は日銀財務の実態に目を向けるのだ。

２０１８年に、米国経済がどのような推移をたどるのか。そして、ＦＲＢが新体制下でどのような政策運営を示すのか。資源価格が、どのように変化するのか。これらの変動によって、２０１８年の日銀を取り巻く環境は大きく変化し得るが、日銀が潜在的に巨大なリスクファクターを抱えていること、２０１８年に国内債券相場の暴落、すなわち長期金利急上昇が生じる場合に、日銀信用の危機という重大な問題が顕在化する可能性が多分に存在することを、しっかりと念頭に入れておかなければならない。

トランプの成長戦略

先にトランプ政権の成長政策の具体化、実施が先送りされていることを指摘した。成長政策の柱はインフラ投資と減税である。さらに、オバマケア制度の改廃をトランプ大統領が提案している。このなかの税制改革について、トランプ大統領は２０１７年9月27日の、レーガン政権下の１９８６年以来、約30年ぶりとなる抜本的な税制改革案を発表した。焦点となる連邦法人税率は、現行の35％から20％に引き下げられる。

個人所得税は現在7段階に分かれている税率が12、25、35％の3段階に簡素化されるほか、最高税率が39・6％から35％に引き下げられる。また、個人事業主やパートナーシップなど、いわゆる「パススルー企業」に課す税率は25％に設定される。

トランプ大統領は、今回の税制改革案が米国史上で最大の減税であり、「米国民にとって歴史的な減税となる」と述べた。さらに、税制改革を通じて「成長促進、雇用創出、労働者と家族の支援を目指す」とも述べている。

トランプ大統領は、改革案を実現しても富裕層への恩恵はほとんどないと述べたが、野党民主党は富裕層の優遇策であると批判している。ホワイトハウスは、今回の税制改革案により、典型的な中間所得層は連邦所得税の課税対象が縮小される恩恵を受けると説明し、トランプ大統領も、単身世帯なら1万2000ドルまで、共働き夫婦の世帯では2万4000ドルまでの所得は課税対象とならないと述べた。

減税規模について税制調査団体は、今後の10年で最大5兆9000億ドルの連邦政府歳入減少がもたらされると試算している。パススルー企業に課す税率が25％に設定されることになるが、現在、米企業の約95％がパススルー企業であるといわれており、こうしたパススルー企業に対しては、現在、個人所得税の最高税率39・6％での課税が摘用されている。この税負担が、今回のパススルー税導入で大幅に軽減されることになる。

今後、税制改革案の法制化に向けて議会で審議が行われることになるが、審議には長時間を要することが見込まれる。トランプ大統領は法案可決に向けて、共和党だけでなく民主党にも協力を呼び掛けている。共和党のブラディ下院歳入委員会委員長は、今回の税制改革案を踏まえた法案が2017年末までに可決される見通しだと発言したが、野党民主党の批判が強いことも事実であり、早期の法律成立はまだ見えていない。

これに加えて、トランプ大統領はインフラ投資の拡大方針を示している。道路、橋、トンネル、空港、鉄道などの整備に10年間で1兆ドル規模の投資を行う方針を示している。減税とインフラ投資の規模は10年間で7兆ドルにも達することになり、その景気浮揚効果は極めて大きなものになると考えられる。

トランプの大統領選での勝利を転換点に米国株価の大幅上昇が持続してきたが、その最大の背景は、トランプ政権による成長政策の規模に対する期待であると思われる。

しかしながら、失業率の水準が既往最低にまで低下していることは、米国経済の供給余力がかなり乏しくなっていることを示唆している。財政支出によって需要が創出されても、経済の供給力が追い付かなければ生産増大は生じない。過剰な需要が価格を押し上げてしまうことに、つながりかねないのである。

FRBは2017年後半、極めてゆとりのある落ち着いた状況を謳歌しているように見えるが、2018年にいよいよトランプ成長政策が具体的に決定され、その一部が実行に移されることになると、FRBの金融引き締め政策が再度加速する方向にギアチェンジされる可能性が高まるのである。

逆説的になるが、トランプ政権の成長政策の具体化が、米国経済成長の限界を早期にもたらすリスクが存在することを念頭に入れておくべきなのだ。

第5章　強化される中国習近平体制

現実化しなかったチャイナメルトダウン

２０１６年初、中国経済の崩壊見通しが喧伝され、書店の店頭には、「中国メルトダウン」とタイトルにうたった書籍が山積みにされた。

たしかに、２０１５年6月以降に中国株価が急落。中国崩壊論を唱えていた人々は、歓喜の声を上げた。彼らは過去10年にわたり、中国経済の崩壊を唱え続けてきている。しかし、中国経済は崩壊せず、２０１５年には株価が、わずか1年で2・6倍の水準に急騰するバブル生成まで見せつけたのである。その中国株価が２０１５年6月から２０１６年1月にかけて急落すると、世界の株式市場は、中国株式市場に引きずられるかたちで連動安を演じた。２００９年3月に始動した主要国株価の長期上昇相場において、２０１１年に次ぐ二度目の調整局面が発生。中国経済崩壊が世界の経済金融市場を震撼させ、新たな金融危機到来を予測する者が圧倒的多数派を形成した。

筆者は情勢を精密に分析したうえで、中国経済の底割れ、崩壊の可能性は低いとの予測を提示した。逆に、中国経済、新興国、そして資源国全体が、緩やかな底入れに転じる可能性が高いと予測した。

転換点を形成したのは、2016年2月に中国上海で開催されたG20会合だった。この会合で世界経済の下方リスクが認定され、各国が政策を総動員する方針が確認された。財政政策、金融政策、そして構造政策を総動員する。とりわけ財政出動については、明確な文言が声明に盛り込まれた。現に中国政府は、この上海G20会合を受けて、ただちに5兆円規模の減税を策定、実施した。TRIレポート＝『金利・為替・株価特報』は2016年上海G20会合の重要性を指摘し、この会合が金融市場変動の転換点になるとの判断を記述したが、現実はまさにその指摘通りの推移となった。

新興国市場、資源国、そして中国市場は、2016年2月を境に、緩やかな底入れを形成したのである。

中国経済が、大きな問題を抱えていることは事実である。GDPに占める投資の比率が大きすぎる。投資は、最終需要をまかなう供給力を増大させる支出である。しかしながら、個人消費を軸とする最終需要が十分に拡大しなければ、供給能力が過大になってしまう。

また、2015年央にかけて中国人民元が急騰した。対円レートで見れば、2012年時点で1元＝12円であった為替レートが、2015年央には1元＝20円に急騰した。

人民元の急騰は、日本への中国人旅行者の急増をもたらした。中国人の旅行者は、かつて12円分の消費しかできなかった中国人民元1元が20円の消費能力を持つ通貨に変化したことを受けて、日本におけるいわゆる「爆買い」を発生させた。

この時期、2015年6月にかけて上海総合指数は5178ポイントへと暴騰した。株価だけでなく、中国の不動産価格も連動して暴騰した。この資産価格暴騰を背景にチャイナマネーが日本を席巻したのである。東京・銀座の百貨店で1000万円を超す福袋が飛ぶように売れる現象も観察された。

人民元の急上昇は、中国人による日本での消費を爆発させる効果を有した。これは表現を変えれば、中国の輸入激増である。

しかし、その裏側では、正反対の現象が起こる。日本からの輸入が激増する一方で、中国から日本への輸出は急激に冷え込まざるを得ない。1元の中国製品を日本の輸入業者が12円で購入できたのに、人民元急騰により、同じ1元の商品輸入価格が20円に値上がりしてしまった。中国の輸出が急激に冷え込むことになり、これが主因となって中国経済の悪化が進行した。

2012年以降、中国の生産活動は三度にわたって浮上の兆候を示した。しかしながら、その三度の浮上チャンスはすべて途中で挫折した。理由は、中国人民元急騰にある。中国人民元と、中国の生産活動を示す製造業PMIの推移を観察すると、2012年から2014年にか

人民元円相場（直近5年）

中国製造業PMI（直近5年）

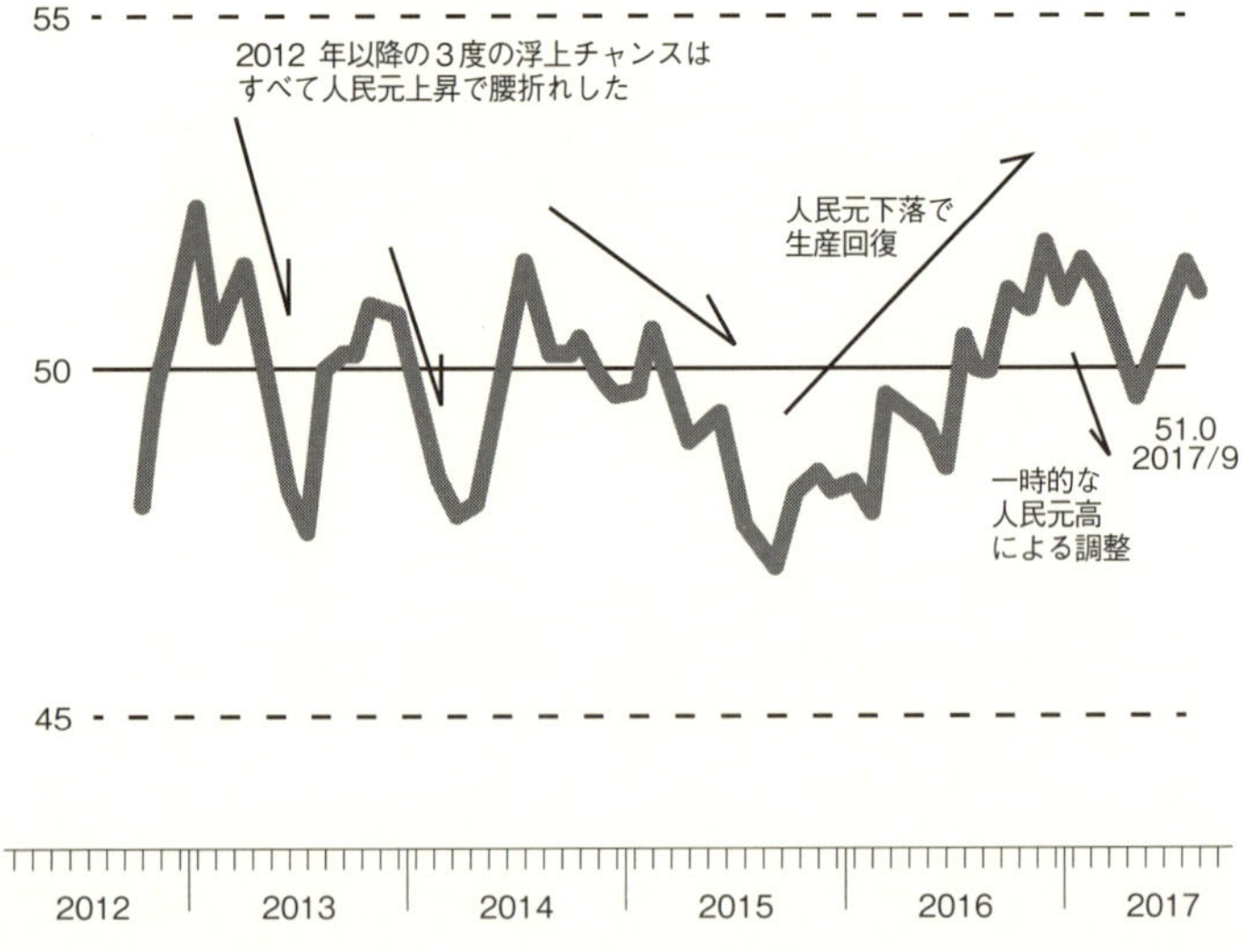

けて三度観察された生産活動浮上が、すべて腰折れしていることが分かる。その背景が、この期間に三度観察された中国人民元急騰である。

人民元急騰もあり、中国の輸出環境が急激に悪化した。このような状況も加わり、設備投資主導の経済構造の矛盾が鮮明になった。中国経済は10％を超す経済成長を持続してきたが、この成長に著しいかげりが生じたのである。

２０１２年に発足した習近平新体制は、中国経済の構造を改変する必要を説いた。とりわけ、２０１５年央以降に中国株価が急落し、中国経済の減速が強まる過程で、経済構造の抜本的な転換が必要であることを中国政府は公式に認めた。

財務部長（日本の財務相に相当、当時）の楼継偉氏は、２０１５年９月にトルコの首都アンカラで開かれたG20財務相・中央銀行総裁会議の討議で、中国経済の先行きについて「今後５年間は厳しい状態が続く。もしかしたら10年間かもしれない」と説明した。GDPを構成する需要項目の一つである設備投資比率、インフラ投資比率を引き下げ、個人消費主導の経済構造に移行させることが必要であり、その経済構造調整のために最低でも５年間の時間が必要であることを認めたのである。

２０１１年まで10％ペースの実質経済成長を続けてきた中国経済だが、２０１２年以降は７％台の成長率に減速、さらに２０１５年以降は６％台の成長率に減速を示してきた。中国政策当局も、経済構造の調整に伴う成長率鈍化を容認。中国は構造調整の厳しさを覚悟しなければ

上海総合指数（直近5年）

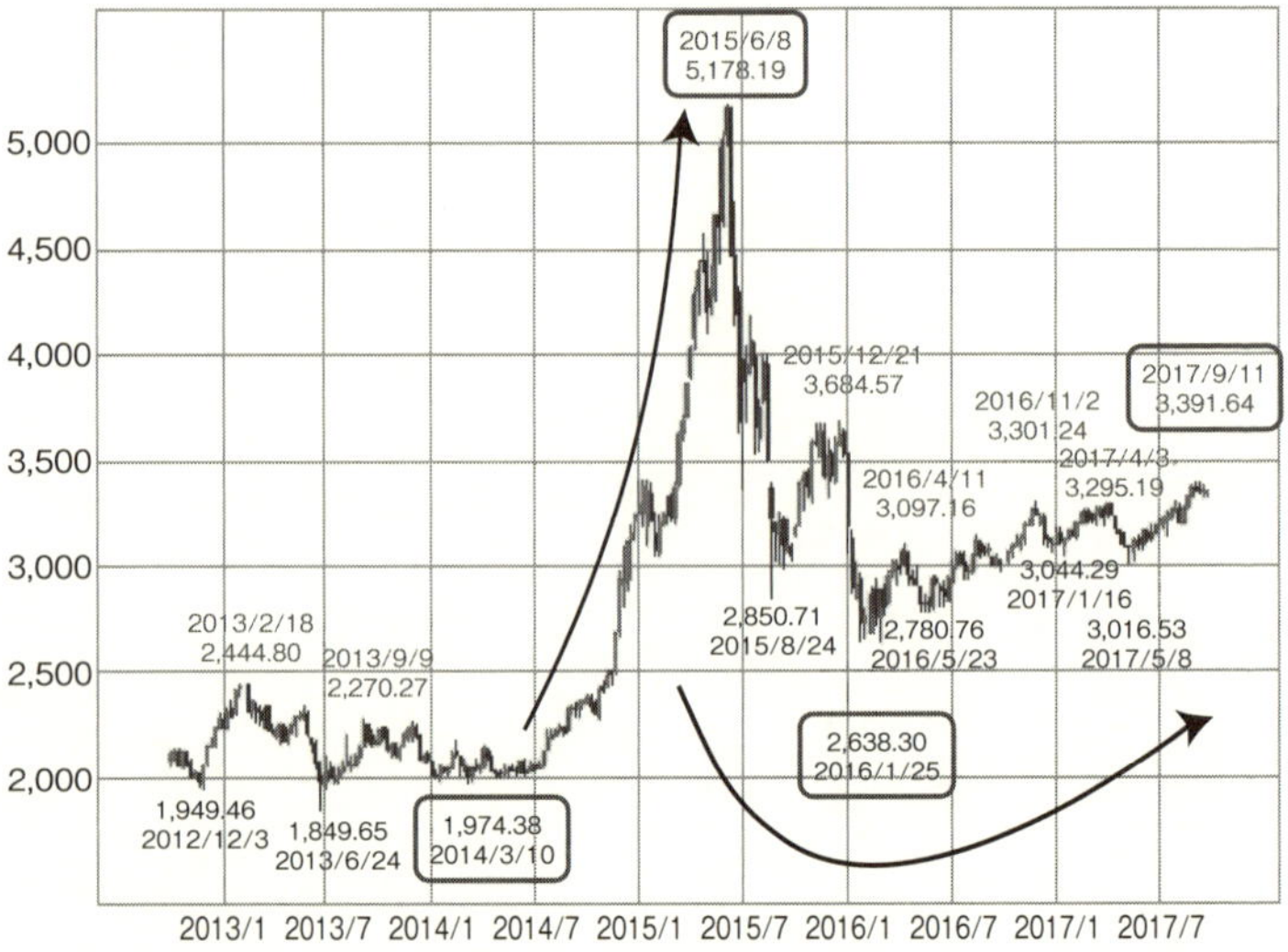

ならないとの認識を有してきた。

しかしながら、より重要な事実は、中国経済は〝減速〟したが、〝失速〟していないという点にある。成長率の鈍化は生じたが、金融恐慌や大不況と呼ばれるような状況を生み出していない。嫌中派の人々にとっては残念なことだっただろうが、中国経済は崩壊もせず、メルトダウンもせず、依然として堅調さを維持している。

上海総合指数は、２０１４年７月には２０００ポイントの水準にあった。これが１年後の２０１５年６月に５１７８ポイントへと暴騰した。わずか１年間で２・６倍の水準に株価が暴騰したのである。この暴騰した株価が、２０１５年６月から２０１６年１月にかけて急落した。急落した最安値は、２０１６年１月27日に記録された2638ポイントである。ピーク水準から約2分の1への水準へと、わずか半年で急落したことになる。

半年で5割の株価暴落という側面だけを見れば、中国経済崩壊、チャイナメルトダウンとの見方が出るのもやむを得ないのかもしれない。しかし、このような主張を提示した人々は、中国経済に対する長期的視点の考察を欠いている。上海総合指数は2014年7月には2000ポイントの水準にあったのだ。この株価が1年後に5200ポイントに急騰し、その後の半年間で5割下落して2600ポイントに低下した。しかし、出発点の2014年7月の水準と比べればなお、30%も高い水準にとどまったのである。

筆者は、2016年版の本シリーズ『日本経済復活の条件』にこう記した。中国株価指数が2000ポイントを割り込んで下落していくのであれば、中国経済崩壊に備える必要が出る。つまり、チャイナメルトダウンのシナリオが現実化する恐れが生じる。しかし、上海総合指数が2000ポイントを割り込まぬ水準で底入れを実現する場合には、リスクが限定される。そして、後者が現実化する可能性が高い。すなわち、中国経済、新興国・資源国経済、そして世界経済が、緩やかな回復を示す可能性が高いとの見通しを示したのである。

資産防衛、そして、投資戦略構築において、こうした経済金融変動の大局予測が重要になる。世界的に株価が暴落、急落した局面である。この局面で、事態がさらに悪化し、新たな金融危機に直面するのなら、保有している大幅値下がり資産を、紙くずにならぬ前に換金しなければならない。新規に投資を開始することも、ご法度になる。

しかし、ここが陰の極で、金融変動のトレンドが転換するのなら、逆に暴落局面は千載一遇のチャンス到来の意味を持つことになる。

『金利・為替・株価特報』が提供する情報の強みがここにある。3カ月から6カ月、あるいは1年単位の周期変動を的確に予測することによって、初めて資産運用、投資戦略構築、資産防衛で高いパフォーマンスを獲得することができる。個別銘柄の優良情報にも極めて大きな価値があるが、それと並んで重要な投資情報とは、実はこの種の中期における経済金融変動の的確な予測なのだ。

第19回中国共産党大会の特徴的な変化

中国共産党は、2017年10月18日に第19回党大会（19大）を開会した。習近平氏をトップとする体制発足から5年が経過した。共産党大会は5年に一度開かれる、中国最高幹部を決定する最重要会議である。中国政治のトップは、2期10年ごとに交代する慣習が示されてきた。江沢民氏の10年間の後に、胡錦濤氏の10年間があった。この胡錦濤体制を引き継いで、習近平氏が2012年秋に中国国家主席に就任した。

2017年10月は、本来は10年任期の折り返し地点にあたる。ここで政権基盤を強化し、残り5年の任期に立ち向かう。しかし、2017年の19大においては、これまでの慣例とは異なる状況が示された。

中国政治の最高幹部は党政治局常務委員と呼ばれるポストで、現在は7名がこの地位にある。中国政治の最高ポストである国家主席、そして、ナンバー2ポストである首相に就任する人物は、就任の1期前、すなわち5年前の党大会で常務委員に昇格し、常務委員を5年務めた上で国家主席や首相に就任する。

中国政治では、これまで68歳定年制がとられてきたから、国家主席ないし首相を二期10年務めるには、57歳までに常務委員に登り詰めなければならなかった。57歳で常務委員に昇格すれば、5年後の62歳で国家主席、首相に就任し、さらに5年後の67歳で二期目を迎えることができる。

したがって、今回の党大会では、57歳以下の誰が常務委員に登用されるかが注目点だった。この条件を満たす人物が、次期中国のトップ候補と見なされるからだ。

ところが、今回の党大会においては、次の最高幹部候補が明確には浮かび上がらなかったのである。57歳以下の人物が、一人も登用されなかった。習近平氏は、これまでのトップを超えて中国の指導者として君臨する野望を抱いていると見られている。習近平氏が抱いている野望とは、中華人民共和国の創設者、建国の父と言える毛沢東元主席に匹敵する地位を確立することにあると見られている。

習近平氏は2期10年ではなく、15年、あるいは20年の長期にわたり、中国政治のトップに君臨することを目指しているのではないか。このような観測が強まってきた。

また、2016年10月に開かれた第18期中央委員会第6回全体会議（6中全会）で採択されたコミュニケでは、習近平国家主席を「党中央の核心」と位置付けた。これまでの中国共産党において、最高指導者を「核心」と呼ぶ表現は、毛沢東、鄧小平、江沢民の3氏にしか用いていない。胡錦濤前国家主席の時代は集団指導体制を重んじていたこともあって、胡錦濤氏に対して「核心」という表現を用いなかった。

習近平氏が10年を超えてトップに君臨する目的のために実行されたと見られる、今回党大会に特徴的な変化が3つある。第一は、5年後に最高ポストに就任する2名の最高幹部候補を浮上させなかったこと。第二は、習近平氏の「政治思想」が党規約の総則に個人名入りで明記されたこと。第三は、政治局常務委員の過半数が、習近平氏と習氏に近い人物によって占められたことである。

5年後の2022年にトップに立つ、有力な候補が常務委員に登用されるのかどうか。ここが、最大の注目点であった。今回の党大会では、本来、胡錦濤前国家主席直系の胡春華広東省党委員会書記と江沢民元国家主席の派閥に属する孫政才重慶市党委書記が常務委員に昇格し、2022年のトップを窺う可能性が高いと見られていた。しかし、孫政才氏は規律違反で摘発され失脚させられた。この孫政才氏の後任として重慶市党委書記に抜擢されたのが、習近平氏

新しいチャイナセブンの陣容

チャイナセブン（中国共産党中央政治局常務委員）			
序列1位	習近平	64	総書記･国家主席･中央軍事委主席
序列2位	李克強	62	首相（共青団系）
序列3位	栗戦書	67	中央弁公庁主任（習近平派）
序列4位	汪　洋	62	副首相（共青団系）
序列5位	王滬寧	62	中央政策研究室主任（中立）
序列6位	趙楽際	60	中央組織部長（習近平派）
序列7位	韓　正	63	上海市党委書記（元江沢民系）

注：肩書きは第19回党大会時点のもの

直系の陳敏爾氏である。

胡春華氏と陳敏爾氏の2名がともに常務委員に引き上げられると、ポスト習候補としてこの2名がクローズアップされることになる。2022年以降もトップに君臨するシナリオを描く習近平氏にとって、この観測が広がることは望ましいことではなかったのだと考えられる。

他方、5年後に69歳になる習近平氏がトップに居続ける布石として、今回の人事で69歳の王岐山氏を何らかのポストで最高幹部に残すことが検討されたようだが見送られた。汚職摘発を指揮した王岐山氏自身の汚職疑惑が、中国国外で流布された影響によるものと見られている。

党大会はおごそかに、滞りなく運営されるが、こうした表面の静粛さからは想像もできない凄まじい暗闘が水面下では繰り広げられていると推察される。

第二の特徴的事象は、今回の共産党大会で党規約総則に習近平氏の政治思想が、習近平の個人名入りで盛り込まれたことだ。これまで、国家主席の思想は党規約に盛り込まれてきたが、江沢民氏と胡錦濤氏の思想が党規約に盛り込まれたのは、退任のタイミングであった。また胡錦濤氏については、党規約の「行動指針」には盛り込まれていない。

また、党規約に指導者の名前を冠して盛り込まれたのは、毛沢東氏と鄧小平氏のみである。習近平氏は、胡錦濤氏や江沢民氏が10年かけて実現した権威付けを5年で達成するとともに、個人名の付く名称で思想が党規約の行動指針に盛り込まれたことで、建国の父である毛沢東氏、経済発展を導いた鄧小平氏に並ぶ権威を獲得したことになる。

習近平氏はすでに「核心」の表現で、過去の中国政治トップよりも一歩抜きん出る地位を確立してきた。その上で、新たに党規約に習氏の政治思想が盛り込まれることになったわけで、習氏は確実に中国の歴代トップのなかでも、より上位の権威を獲得したと言える。

この点に関してさらにもう一つの注目点は、習近平氏が国家主席であると同時に、共産党主席ポストを復活させ、そのポストに就任できるかどうかである。

習近平氏は、この第19回共産党大会に向けて、中国人民解放軍の幹部を習近平派によって掌握するという動きも示してきた。陸・空軍の司令官などの主要人事にも、習近平派を配置。他方、江沢民元国家主席につながる軍高官を規律違反で拘束した。習氏は共産党大会に向けて、軍の権力掌握も加速させてきたのである。

今回の常務委員7名のうち2名が習氏の直系人物であり、本人を含めて3名が習派閥で固められたことになる。ただし、新常務委員の韓正氏は元は江沢民系の人物だが、習氏に忠誠を誓って常務委員に引き上げられたと見られる。この結果、習近平氏は常務委員7名の過半数の4名を掌握したと言ってよい。

健康問題や暗殺などの偶発事態が発生しない限りにおいて、中国政治における習近平氏体制は今回の党大会を経て、確実に強固なものに置き換えられた可能性が高い。

中国経済のゆくえ

他方、経済状況を見ると、中国の実質GDP成長率は2017年1－3月期に続き、4－6月期も前年比プラス6・9％（年率）の伸びを示した。2017年3月の全人代で2017年のGDP成長率目標6・5％前後に設定された。この目標値達成が確実な情勢だ。

中国の経済構造を投資主導から消費主導の構造に転換する構造調整に向けての努力が進められているが、その民間設備投資も2017年入り後は輸出の回復、企業収益の好転、あるいは民間企業経営者の先行き経済に対する展望の好転を背景に、緩やかな回復傾向を示している。設備投資は中期的な抑制傾向を示しているが、個人消費の基調はきわめて強く、農村部でのeコマースサービスなどの拡大も観察されている。

また、警戒されてきた不良債権問題であるが、中国を代表する大都市である一〜二級都市においては、不動産購入制限や住宅ローン借り入れ制限が厳しく実施され、不動産販売額が減少し、価格下落の反動が観察された。だが、投資資金はこうした一〜二級都市への投資から、二〜四級都市への投資へ転換しており、二〜四級都市においては不動産販売の拡大、および不動産価格の上昇が観察されている。

2017年10月の共産党大会開催を踏まえて、中国政策当局は経済全体の安定保持を最優先として、投機資金全体の抑制を厳格にする行動を控えてきた。このために、逆に19大開催後に、その反動として不動産指標の抑制等が厳格に実施される現象が観察されるのではないかとの懸念があるが、習近平体制のもとで、不動産バブル抑制、経済構造調整に目配りをしつつ、緩やかな景気の好転を図るきめ細かな対応が示されてきたことは特記に値する。

2012年以降、習近平体制は「新常態」を目指す政策運営方針を示し、経済の構造改革を推進してきた。その過程で株価の急騰と急落というイレギュラーな情勢が発生したが、とりわけ2015年6月以降の株価バブル崩壊局面で、迅速かつ適正な対応が示されたことにより、このバブル崩壊を経済の崩落＝「チャイナメルトダウン」に発展させせない巧みな政策運営がとられてきたと評価できる。

銅先物価格、WTI、ロシアのルーブル、そしてロシアRTS指数、あるいはブラジル・レアル、ブラジル・ボベスパ指数などの直近3年間の推移を見ると、2016年2月の中国上海

Ｇ20会合を境に、これらの変数が、総じて緩やかな底入れを実現してきたことを確認できる。

銅価格は、米大統領選後に大きく上げたあと、２０１７年の２月から６月にかけての調整を経たのち、大幅な上昇を示した。

世界経済の回復を示唆する動きではあるが、これ以外の要因も影響を与えていると考えられる。それは、自動車産業を巡る環境の激変である。内燃機関＝ガソリン車からＥＶ＝電気自動車への世界的かつ大規模な移行がかなりはっきりと見え始めている。

この流れがすでに欧州や中国で本格化し始めている。ＥＶ＝電気自動車への移行が本格的に始まると、リチウム電池に対する需要が爆発することになる。このリチウム電池の材料として銅の消費量が急増することが予想される。こうした極めて重大な産業事情の変化が銅相場の変動に影響を与え始めた可能性がある。

他方、原油価格をWTI先物価格の表示しているが（P83参照）、これも2017年2月から5月にかけて調整局面を演じたが、6月以降に反発傾向を示している。

重要なのは今後の変化であるが、WTI価格が60ドル／バレルの水準を超えてくると、はっきりと前年比プラスの勢いが強まるので、WTIが今後、60ドル／バレルの水準を超えてくるかどうかには細心の注意を払う必要があると考える。

次に、ルーブル円、ロシアRTSの動向だが、これも他の新興国、資源国、資源価格と同様、2016年2月に底入れを実現し、その後は緩やかな回復過程を歩んだのちに、2017年2月から6月にかけて、類似した調整局面を経過したことが分かる。

しかし、6月以降は明確な持ち直し傾向を示している。ブラジル・レアル、ブラジル・ボベスパ指数も基本的に同類型の変動を示してきた。世界経済は連動しており、明確な背景があり、理路整然と変動している。こうした理路整然とした金融変動があるからこそ、的確な経済金融分析に基づく的確な金融変動予測が成り立つのだ。その結果として、高いパフォーマンスを享受できる投資戦略構築、資産防衛戦略構築が可能になる。

南アフリカ・ランドは2017年6月以降も、明確な持ち直しの傾向が観察されていないが、この背後に南アフリカ政治情勢の不安定化という要因がある。だから、南ア・ランドは他の新興国通貨とは異なる動きを示す。これも理路整然とした変動である。

ルーブル円（直近3年）
（円／ルーブル）
2.6
2.4
2.2
2.0
1.8
1.6
1.4
2015/5/18
2.4474
G20
米大統領選
2017/2/13
2.0242
2016/4/25
1.7171
1.8064
2017/8/7
1.5055
2016/8/1
1.4445
2014/12/15
1.3575
2016/1/18
2015/1
2015/7
2016/1
2016/7
2017/1
2017/7

ロシアRTS指数（直近3年）
1,100
1,000
900
800
700
600
2017/2/6
1,196.99
リスクオフ
G20
2015/5/11
1,092.52
2015/11/23
902.91
958.83
2017/6/19
708.25
2015/8/24
607.14
2016/1/18
578.21
2014/12/15
2015/1
2015/7
2016/1
2016/7
2017/1
2017/7

金融変動の解析、予測には、知的探求心を満足させる要素が満載だ。資金運用戦略構築、資産防衛策構築は、同時に私たちの知的探求心を大いにうならせるものである点を、ぜひ認識いただきたいと思う。

その新興国、資源国、資源価格にとって、警戒を要する局面が2017年2月から6月にかけて観察された。中国株価、原油価格、銅価格、ルーブル、ロシアRTS指数、あるいはブラジル・レアル、ブラジル・ボベスパ指数などが、軒並みこの時期に調整色を強めた。この点を確認いただいたが、改めて第9章で考察する。

新興国、資源国、そして資源価格全般の2018年に向けての展望を行うに際して、踏まえておくべきリスクファクターが3つある。

第一は米国金融政策の変化である。

2017年2月から6月にかけて、相場の調整が観察された最大の原因は、米国金融政策の変化にあった。

第二のリスクファクターは、中国政治の変化である。

習近平主席が1強体制を強化し、10月の19大において、その方向を強固にした。しかしながら、水面下での中国政治権力闘争はすさまじい。胡錦濤氏、李克強氏を機軸とする中国官僚エリート集団の共産主義青年団に属する派閥、かつての国家主席で依然として隠然たる影響力を保持し続けようとしている江沢民元国家主席に代表される上海閥、そして高級幹部の子弟であ

レアル円（直近3年）

ブラジル・ボベスパ指数（直近3年）

ランド円（直近3年）

る習近平氏に代表される太子党人脈が、中国国家権力を争奪するために暗闘を繰り広げている。その暗闘の発露として、習近平氏が罠を仕掛けられる可能性がないとも言えない。政治的な波乱が生じるリスクは、常に警戒しておかねばならない。

そして第三の問題が、中国経済におけるバランスシート拡大問題である。

ＧＤＰの規模に対する中国金融市場の信用供与の残高が過大になっている、との指摘がある。そして、与信残高の大半が不良債権化しているのではないか、との懸念がある。

日本のバブル崩壊過程においては、金融機関の資産の劣化、不良債権増大に伴う損失処理が日本経済の最大の足かせになった。中国において、そのリスクが顕在化するのではないか、との懸念がある。この3つのリスクを注視しなければならない。

第一のリスクである米国金融政策に関しては、２０１７年前半と２０１７年後半で、劇的な変化が観察された。

米国ＦＲＢは２０１６年12月、２０１７年3月、6月に三度の利上げを実施した。3カ月の間隔で連続的な金利引き上げが実施された。このことから、２０１７年前半においては、米国金融引き締め政策の加速が警戒された。米国金融政策の引き締めが加速すれば、資金が米ドルに吸い寄せられる。その結果として、資源国、新興国、資源価格が大きな打撃を受ける。この懸念が、２０１７年2月から6月にかけての市場調整の最大の背景であった。

しかしながら、２０１７年後半に移行し、7月12日にイエレンＦＲＢ議長が明言したように、米国インフレ指標が目標値を大幅に下回る状態が持続するようになり、追加的な金融引き締め政策発動の必要性が大幅に後退した。この状況を受けて、米国長期金利は再低下した。この変化を受けて、新興国、資源国、資源価格が大きく持ち直した。

問題は、このゆとりのある金融政策環境がいつまで持続するのか、である。警戒される問題が、２０１８年に持ち越される。２０１８年に米国経済の拡大が再確認され、各種インフレ指標が上昇傾向を強める場合、ＦＲＢは再度、引き締め強化、引き締め加速に舵を切らざるを得ない。そのときに、米国株式市場が何らかの動揺を示す可能性がある。世界経済が回復拡大から調整局面に移行するのであれば、その影響は必ず新興国、資源国、資源価格にも及ぶだろう。

この意味で、リスクは2018年に持ち越される可能性が高い。

第二の政治リスクについては予断を許さないが、2017年10月の共産党大会においては、習近平氏が1強体制を強化することにひとまずは成功した。引き続き政治情勢の微細な変化、そしてアクシデント発生の有無に注視し続ける必要があるが、習近平体制の強化が持続することをメインシナリオに置くべきだろう。

第三の中国の金融問題処理は、その実態を十分に捕捉できないために予測が難しい。しかしながら、中国金融政策当局および中国政府は、公的な資金に関する限り、大規模な金融破綻、その連鎖的な広がりを阻止する政策対応を示す可能性が高い。民間資金については、資金融通を行った経済主体の破綻を容認し、損失処理を迫る可能性が高いが、金融市場全体として金融機関の破綻が連鎖的に広がるようなら、金融危機の発生を政策当局の最大の対応によって阻止する可能性が高いと見込まれる。

世界経済全体を俯瞰《ふかん》すれば、成長途上にある新興国の成長率が相対的に高い状態が続くことは間違いない。この大きな流れに水を差す可能性のある最大の要因は、米国経済金融の大規模調整である。この意味において、米国の金融引き締め政策の加速可能性が最大の焦点であるが、この問題が顕在化してくるまで、2018年半ばに向けては、世界経済の緩やかな改善、新興国、資源国、資源価格の緩やかな回復が持続する可能性が高い。

「禍福はあざなえる縄のごとし」という言葉がある。災いと福は、より合わせた縄のように交互にやってくるという意味だ。２０１７年2月から6月にかけては、米国の金融引き締めが加速するとの警戒感から新興国、資源国、資源価格に下方圧力がかかった。これが２０１７年後半になって、米国の金融引き締め加速観測が後退し、それを背景に、新興国、資源国、資源価格が全体として持ち直す傾向を鮮明にした。

しかし、その延長線上に何が起こるのかを考える必要がある。新興国、資源国、資源価格の改善が進み、世界経済の浮上が明確になるなら、再び巡り巡って、米国の金融引き締め政策に加速の可能性が浮上してくるのだ。

金融市場変動の最大特性に「循環変動」という側面がある。あざなえる縄＝より合わせた縄は、表が裏になり、裏が表になる。これこそ、金融変動の極意を示している側面がある。相場格言のひとつとして「禍福はあざなえる縄のごとし」を記憶に残していただきたいと思う。

第6章　資産倍増への極意

日本の失われた30年

日本経済は、1989年末のバブルのピークを境に経済超低迷の氷河期に突入している。1999年に上梓した『日本の総決算』（講談社）に「失われた90年代」の表現を用いて以降、「失われた90年代」「失われた10年」「失われた20年」の言葉が流行語になった。1980年代後半、日本経済はバブルの熱狂、ユーフォリア＝Euforiaの只中に巻き込まれた。それが一転、バブル崩壊に転じたのである。

バブルの生成がもたらされたのは、米国の経済政策変化が大きな背景であった。1985年9月のプラザ合意当時のドル円レートは250円／ドル水準であったが、これが1987年には125円／ドルへと一気に円高に振れた。米国が財政と貿易収支の双子の赤字に苦しみ、その解決策として人為的なドルの切り下げ政策が採用されたのである。

円高は短期的に日本の輸出産業に打撃を与え、日本は円高不況に陥ったが、他方でこの円高が日本の金利水準を大幅に引き下げた。金利低下に連動して資産価格が上昇し、この資産価格上昇を背景に日本経済が急激な沸騰を演じたのである。

日本経済は１９８７年には明確な景気拡大に転じ、日銀は金利引き上げ政策への転換を模索した。ドイツも同様に利上げ政策を検討し実施した。この日独の利上げへの動きが米国経済に大きな動揺を与えた。ニューヨーク株価が急落するという「ブラック・マンデー」と呼ばれる市場変動が発生し、米国は日本の金融引き締め政策への移行を非難した。日銀は金利引き上げを中止し、金融超緩和政策を2年延長したのである。

その結果として、日本に巨大な資産バブルが発生した。日本の資産価格上昇は、〝ジャパンマネー〟の世界市場席巻をもたらした。米国全体がジャパンマネーによって買い占められる事態が発生し、米国政府の対日警戒姿勢が強まった。１９８９年に大統領に就任したジョージ・ブッシュ（父）は、「ストロングアメリカ＝ストロングダラー」をスローガンに掲げた。ドルの復権を求めたのである。

国際決済銀行（ＢＩＳ）は、日本の金融機関のオーバープレゼンスに警戒を強めた。自己資本比率規制を強化し、邦銀に投網をかける戦術を採用した。邦銀の自己資本のなかに、株式の含み益が組み込まれていた。株価上昇期には株式含み益の増大で自己資本が増大し、金融機関の融資可能金額上限が際限なく上昇する。しかし、株価が下落に転じれば、金融機関の自己資本金額が急激に縮小する。結果として、金融機関は融資の一斉引き上げを迫られる。

銀行融資を原動力として上昇した株式相場が、銀行による融資引き揚げにより大暴落に転じることは自明である。バブル生成によって、オーバープレゼンスと表現される領域にまで足を踏み入れた邦銀を、バブル崩壊に伴う地獄へ突き落とす策略が巧妙に企てられたと言える。

1990年代を迎え、日本経済はバブル崩壊に直面した。筆者は1990年代を通じて日本の経済政策運営に多くの提言を示し続けた。その提言は事後的に見ても、時宜にかなった適切な提案だったが、日本の政策当局は、この提言を適切に採用しなかった。

バブル崩壊の当初、1991年、92年の時点において、早期の経済政策軌道修正が必要であるとの提言は、財務省（当時の大蔵省）によって拒絶された。政府の政策対応が遅れ、バブル崩壊の傷が一気に広がっていった。

同時に大蔵省は不良債権問題の処理において、致命的な過ちを犯した。早期の問題処理を促進せず、前述の「場当たり、隠蔽、先送り」という最悪の対応を示したのである。このなかで、1996年には橋本政権が消費税率の3％から5％への引き上げ方針を強硬に決定した。

この政策決定に筆者は猛然と抵抗した。国論を分ける議論に発展したが、橋本政権は1997年消費税増税を強行した。その結果として、1997年から98年にかけて、第1次金融危機が表面化したのである。

橋本首相は1998年の参院選敗北の責任を取って辞任した。その後に橋本元首相は橋本派

＝平成研究会の会合に筆者を招き、筆者が詳細に解説した1990年代の経済政策運営の失敗を謙虚に肯定された。

しかしながらマクロ経済政策運営の失敗は、なお繰り返された。2001年に発足した小泉政権は「改革なくして成長なし」の言葉を掲げ、超緊縮財政運営に突き進んだ。その結果、日本経済は2003年にかけて第2次金融危機に直面した。

経済財政担当相に就任した竹中平蔵氏は「大銀行といえども潰さないとは言えない」の方針を明示した。日本の株式市場は崩落し、金融恐慌寸前の状況に陥った。ところが、小泉・竹中政権は2003年5月の「りそな危機」に対し、最終的に公的資金で銀行を救済する行動を示したのである。

大銀行破綻も辞さぬの言説で日本株価の暴落を誘導したうえで、掌を返して、公的資金による銀行救済という対応を行ったのだ。

株価が急反発したのは当然のことである。一連の経過は政府による「風説の流布」「相場操縦」「インサイダー取引」の疑惑が濃厚な推移だった。

この株価暴落と急反発で濡れ手に粟の巨大な利得を獲得したのは、外資系ファンドであった。日本を支配する巨大な勢力が、当初より、最終的な公的資金による銀行救済を前提に置いて金融恐慌の不安を煽り、株価を暴落させ、金融恐慌に移行する一歩手前で、公的資金による銀行救済を行ったものであったと推察される。

日経平均株価は、1989年12月29日に3万8915円の高値を付けた。その株価が、2009年3月10日に7054円の安値を付けた。つまり、1989年末をピークに株価は20年間下落を続け、6分の1近い水準にまで暴落したことになる。その後、株価は反転し、2012年11月以降、明確な上昇を示し、2万円の大台を回復したが、それでも28年前の株価水準の約半分という惨状である。

日本のGDPもこの30年間、ほぼ横ばいの推移を続けてきた。2007年から2009年にかけて、米国でサブプライム金融危機が発生した。この危機に対応し、米国は超金融緩和政策の採用に踏み切った。

FRB議長のバーナンキ氏（当時）は、大恐慌研究の専門家である。米国が大恐慌を引き起こした大きな原因として、金融緩和の不充分さ、金融緩和の遅れを指摘してきた人物である。このバーナンキ氏が2009年以降、未曾有の金融緩和政策を採用し、その金融緩和政策によって危機の深刻化が回避されてきた。

日本でも2013年以降、金融緩和政策が拡大強化され、現在に至っている。その副産物として、長期金利がゼロという状況が続いている。日本では長短金利水準がほぼゼロという状況が長期にわたって持続している。したがって、家計は金利商品資産を保有しても、その資産がリターンを産まない。ゼロ金利は、金融所得の激減をもたらしている。

同時に、この失われた30年間、資産の保有者は保有資産時価総額の大幅減少に苦しんできた。

株価は既述のとおり、１９８９年末の水準の、いまだに半分の水準にある。不動産価格もほぼこれに連動してきた。

保有資産の時価評価額が半値になる、あるいは6分の1になるという状況の苦しみに比べれば、金利がゼロであっても、資産金額が減少しないことは、はるかに優良な投資パフォーマンスだと言えるのかもしれない。

しかしながら、株式市場の長期チャートを眺めると、２００９年3月10日の７０５４円を境に、株価の長期トレンド自体は下落トレンドから上昇トレンドに転じている。

とは言うものの、第1章に記述したように日本の株価は２０１０年から12年にかけて、菅直人政権と野田佳彦政権が超緊縮財政運営を行ったために、他の主要国とは異なる長期低迷の3年間を経過した。

その株価が、２０１２年11月14日の野田佳彦氏と安倍晋三氏とによる党首討論によって、解散総選挙が決まり、政権が切り替わることを契機に上昇に転じた。この２０１２年11月以降、日本株価に大きなうねりが生じている。

資産防衛の方法

このような環境のなかで、日本の消費者、生活者、主権者はどのように資産を防衛すべきであるのか。安倍政権が弱肉強食推進の経済政策を採用し、一般庶民の生活が過酷な方向に切り刻まれているなかで、保有資産をいかに防衛するかは極めて重要な課題である。

資産防衛を図るためには、経済金融環境を大局として正確にとらえ、その下で、適切な投資戦略、投資戦術を構築することが重要である。現代日本の金融環境の大きな特徴は、ゼロ金利状況が持続していることだ。ゼロ金利のもとでは、保有資産が利息を生まない。金利商品資産のリターンがゼロに近い。

金融資産の対象は、金利商品と株式商品とに分類される。金利商品を「フィクストインカム」、株式商品を「エクイティ」と表現するが、フィクストインカムは文字通り、リターンが固定されている資産である。他方、エクイティは大きな価格変動を生み出す。フィクストインカム資産のリターンがゼロである局面で高いリターンを求めるなら、エクイティ資産での運用を検討せざるを得ない。

しかしながら、1989年から2009年までのほぼ20年間、日本株価は右肩下がりで推移し続けた。平均的に考えれば、エクイティ資産への投資はマイナスのリターンを生んできたことになる。

この局面では、リスクの高い、エクイティ資産への投資は平均的に損失を生んできた。日経平均株価で言えば、3万8915円の株価が7054円に下落した。6分の1水準へ暴落したわけで、金利がゼロであってもフィクストインカムの世界で運用していれば、保有資産の名目金額をそのまま維持できた。「損失を出さない運用」が、この時代の最善の運用であったとも言える。当時においては、フィクストインカム資産への資金シフトが相対的に高いパフォーマンスを生み出したことになる。

しかしながら、2009年3月以後の期間を考えれば、リターンを生まないフィクストインカム資産よりも、エクイティ資産が圧倒的に魅力的だった。7054円の株価は2015年、2017年に2万円を回復している。2017年10月には日経平均株価が2万2000円台を回復して、21年ぶりの高値水準を記録した。それでも1989年末の史上最高値と比べれば2分の1強という水準なのだが、2009年3月安値を基準にすれば、すでに3倍の価格上昇を達成している。

こうして見ると、フィクストインカムとエクイティ資産との区分による資産運用戦略においては、金融環境の状況把握が、何よりも重要ということになる。

株価がトレンドとして下落する局面で、エクイティ資産の比率を引き上げることは、一般的には損失を拡大させる原因にしかならない。逆に株価がトレンドとして上昇傾向にある局面では、とりわけ金利がゼロ水準であれば、エクイティ資産への資金シフトが投資リターンを高める有効な投資戦略になる。

また、資産運用は、円資産に留まらない。外貨での資産運用もある。これもエクイティ資産への運用と同じことが言える。円高傾向の下では、外貨資産運用の円評価額は、下落の一途をたどる。逆に円安傾向が持続する間は、外貨への投資が有効になる。つまり、一般的な投資対象としては、円貨建て資産と外貨建て資産の区分、そしてフィクストインカム資産とエクイティ資産の区分、この二つの軸により、運用対象を4つのカテゴリーに分けることができるのだ。

さらに言えば、フィクストインカム、エクイティ資産以外に、金地金、資源、不動産という対象を想定できる。既述したように、金価格は基本的に金利と逆相関の変動を示す。正確に表現すれば、ドル建て金価格が、米国長期金利と逆の相関を示すのである。

国内不動産価格は、国内長期金利変動と逆相関の関係を示す。したがって、フィクストインカムとエクイティ資産の区分、円貨建て資産と外貨建て資産、そして、金地金、不動産資産について、正確な金融変動予測を構築することができれば、その予測に基づいて、最適なパフォーマンスを期待できる資産運用の構成比率を、それぞれの時点で構築できることになる。

マクロ経済金融環境分析に基づく資産運用比率の変更が、投資パフォーマンスを最大化する最大の秘訣ということになる。株価の下落トレンド局面では、株式への投資比率を著しく引き下げる。この局面で金利が低下する場合、債券や金への投資が、投資リターンを高めることになる。

同時に、為替レート変動を予測し、外貨上昇局面には外貨へ資金をシフトし、円高への回帰が予想される局面で、外貨資産を売却する。結局のところ、優良な投資パフォーマンスを得るためには、マクロ経済金融環境分析に基づく、正確な金利、為替、株価予測を獲得することが必須の条件になるのだ。

公的年金を運用する公的機関にGPIF（年金積立金管理運用独立行政法人）という機関が存在する。GPIFは2013年10月31日に基本投資ポートフォリオの変更を行った。これまで円建て債券での運用が圧倒的に大きかった年金資金の資産構成＝アセットアロケーションを、一気に大幅変更した。変更内容は、株式投資比率の大幅引き上げと、外貨資産投資比率の大幅引き上げであった。

しかし、2013年10月という局面は、このような運用比率の大幅変更に、もっともふさわしくない局面だった。2012年11月、ドル円レートは78円／ドルの水準だった。日経平均株価は8664円という低水準にあった。この局面で、円高から円安への転換、そして、株価上昇局面への転換を予測し、外貨建て資産の運用比率を大幅に引き上げ、同時にエクイティ資産の運用比率を大幅に引き上げたのであれば、正しく見事な判断だった。

しかし、2013年10月には、すでに為替が100円／ドルを超える水準にまで円安に推移していたのであり、株価は1万8000円という水準にまで上昇していた。ドルが大幅に上昇し、株価も大幅に上昇した局面で、外貨建て資産とエクイティ資産への投資比率を大幅に引き上げるのは、どう考えても最悪だ。

アセットアロケーションの変更を、マクロ経済環境、金融環境の変化に応じて、機動的に、機敏に実行することによって、初めて相対的に高い投資リターンを獲得し得る。こうした基本を踏まえない運用が行われてきたところに、ＧＰＩＦのような巨大政府関係機関の重大な問題、大きな過ちがある。

経済金融環境の正確な捉え方

ゼロ金利時代に資産を防衛し、そして資産を増加させる確実な運用戦略・運用戦術を打ち立てなければならない。１９８９年末から２００９年までの20年間にわたり、日本株価の下落トレンドが持続した。２０００年代に入ってからの数年間、２００３年から２００７年にかけて、日本ではミニバブル現象が観察された。大都市の不動産価格は急騰し、再度、バブル経済が生じる兆候が垣間見られたのである。

しかし、２００７～09年にかけて、サブプライム金融危機の嵐が日本金融市場をも襲った。その結果、日経平均株価は２００３年の安値を超えて、バブル崩壊後の最安値を記録した。この20年間、エクイティ資産で高いリターンを獲得するのは至難の業であった。アセットアロケーションとしては、エクイティ資産の比率を低位に維持することが賢明であった。

それでも、この大きなトレンドのなかに、数年単位では、株価あるいは不動産価格の上昇波動が出現した。

１９９６年６月にかけて日本株価が上昇した。バブル崩壊不況が一巡して、日本経済の回復が軌道に乗り始めたからである。ところが橋本政権が強硬決定、実施した消費税増税により日本経済は〝撃墜〟され、株価も１９９８年にかけて暴落した。

その後に登場した小渕恵三政権が政策大転換を実行し、２０００年にかけて日本株価は明確に再浮上した。しかし、２０００年から２００３年にかけて、森政権・小泉政権が「逆噴射」政策を強硬実施。日本は、金融恐慌すれすれのところにまで再度転落したのである。

この「２００3年危機」は、既述したように、背徳ともいえる公的資金による銀行救済によって転換点を迎えた。この２００３年を起点に２００７年にかけて、日本の金融市場にミニバブル現象が発生したのだ。

したがって、１９８９年末から２００９年にかけてのエクイティ資産価格の長期下落局面においても、数年単位での中期波動においては株価上昇局面は観測されており、この中期波動を的確に捉えることができたならば、エクイティ資産運用においても、それなりに高いリターンを獲得できたことになる。

しかし、２００９年3月以降は状況が一変した。日本株価の長期下落トレンドが、上昇トレンドに転換したのである。２００９年3月の７０５４円を起点に、２０１５年には日経平均株価が2万８６８円へ上昇。そして、2017年にふたたび2万円の大台を回復し、２０１７年10月に2万１０００円台を回復した。

こうしたエクイティ資産価格の上昇トレンド成立下においては、資産運用戦略においてもエクイティ資産を積極的に位置づける必要がある。

他方、10年国債の利回りはゼロないしマイナスの状態が続いている。金利が高水準の局面で債券を購入した場合、長期金利が大幅に低下すれば、高い金利の利払いが約束されている債券の価格は上昇する。債券価格上昇によって債券運用は高いリターンを獲得できる。

金利低下局面では、債券投資に妙味がある。

しかしながら、ゼロないしマイナスゾーンにまで金利が低下すれば、それ以上の金利低下を期待することは困難になる。金利が上昇に転じれば、債券価格は下落する。ゼロ金利あるいはマイナス金利の債券を購入することは、基本的に大きなリスクを伴う。これを400兆円の規模で実行しているのが、「黒田日本銀行」なのだ。

このゼロ金利の時代に、資産防衛を図る個人・家計は、何を目指すべきであるのか。

TRIレポート＝『金利・為替・株価特報』が追求しているのは、安定的な総資産収益率年8％の確保である。ゼロ金利の時代に8％のリターンを安定的に確保することは、決して容易なことではない。しかし、それは不可能な目標でもない。

何よりも重要なことは、損失を生み出さないことである。

投資関連の情報には、短期2割増、3割増、あるいは短期倍増を狙う、おとぎ話のような釣り文言が多い。フィッシング詐欺と呼ぶべきものである。ゼロ金利の時代に2割、3割のリターン、短期倍増という話があちこちに転がっているわけがない。

ハイリターンの裏側には、必ずハイリスクが潜む。損失を重ねれば重ねるほどハイリターン志向が強くなる。そして、さらに大きなやけどを負い、投資資産すべてを失うという投資家が後を絶たない。

ＴＲＩレポートが追求する世界は、こうした博打性の強い世界ではない。安定的にトータル年リターン８％確保を目指すのだ。この８％のリターンを９年間維持すれば、資産は２倍に増加する。インフレ率がゼロの時代に、資産総額を２倍に増殖させることは、極めて価値の大きなことだ。

８％は最低目標水準であり、プラスアルファのリターンを期待するべきである。何よりも重要なことは、損失を生まないこと。そして安定的に８％のリターンを確保することである。

アセットアロケーションの二つのスタイル

８％リターン安定確保の具体的戦術として、３つの方策を提示する。

①適切なアセットアロケーション
②そのアセットアロケーション構成後のアクティブ運用
③リスクをミニマイズする方策

先にGPIFの資産配分比率変更の実例を紹介した。

日本政府は、日本株価が急騰し、米ドルが大幅に上昇した局面で、外貨建て資産運用比率と株式運用比率を一気に引き上げた。このような対応は、資産運用戦略としては最低最悪のものである。2012年11月の段階で、株式運用比率と外貨運用比率を大幅に引き上げたのであれば、これはプロフェッショナルな判断だと言える。

GPIFは2014年10月31日にこのような決定を行ったが、2016年にかけて、予想された最悪の事態が発生した。日経平均株価は2015年に2万円の大台を回復したが、2016年には1万5000円割れの水準に反落した。

ドル円レートも2015年に125円／ドルのドル高を経由したが、2016年には1ドル100円割れの水準にドルが急落した。このためにGPIFは、1年間で10兆円を超す大損失を計上したのである。

国民の貴重な老後資金130兆円の8％にも相当する資産が、たったの1年間の投資失敗で消滅してしまったのだ。運用の超初心者でも、このような失敗を起こすことはまれだ。高い投資パフォーマンスを得るには、適正なアセットアロケーション＝資産配分比率決定が必要不可欠なのである。

アセットアロケーションの決定には、二通りのスタイルがある。ひとつはリスク分散を最重視して、エクイティ資産、フィクストインカム資産、そして円建て資産と外貨建て資産の構成比を長期にわたり一定に保つスタイル。

ＧＰＩＦの戦略は、大きく考えればこれに近いと考えられるが、アセットアロケーションの変更を行う時期の選定において致命的な過ちを犯している。ただし、長期的な運用パフォーマンスにおけるリターンとリスクのバランスを重視するとの判断から、資産配分比率の固定化を検討することは、一つのスタイルとして肯定し得る。

これに対し、もう一つのスタイルは、アセットアロケーション、資産配分比率を経済金融環境の見通しを踏まえて、アクティブに変更するというものだ。為替レートや株価の変動を分析し、割安局面と判断する局面で投資比率を引き上げ、割高と判断する局面で投資比率を引き下げる。

これが、アクティブなアセットアロケーション戦略である。

高いリターンを確保するためには、このアクティブな運用姿勢が必要である。しかし、この戦術が成功するためには、割安、割高の判断、金利・為替・株価変動の的確な予測が必要不可欠になる。この意味で、金利・為替・株価の先行きを予測する経済金融分析が、最重要の意味を持つ。

金利・為替・株価予測において重要なのは、「中期波動」である。長期波動において、1989年末から2009年までの株価下落が示すような下落トレンドが存在していたとしても、その間に1996年の株価上昇、2000年の株価上昇、2007年の株価上昇、そしてその逆の株価暴落局面が存在する。この、年単位の中期波動を的確にとらえることが何よりも重要になる。

アクティブ運用とは何か

第二の戦術は、アセットアロケーション決定後のアクティブ運用だ。投資の一定比率を、エクイティ資産に振り向けるとしよう。エクイティ資産の運用においては、個別企業に対する投資、あるいは有望なセクターに対する投資を検討することになる。ウォーレン・バフェット氏に代表されるような長期投資においては、投資対象の銘柄を厳選した上で長期保有を前提に株式を買い付ける。

いわゆる「バイ・アンド・ホールド戦略」である。個別銘柄の選定が正しければ、この方法が長期的には最も妙味の大きな投資手法になる。

しかしながら、1990年代以降の世界の金融市場は、こうした投資手法が必ずしも適切な運用スタイルではなかったという現実を示している。すなわち、株価の変動＝ボラティリティが極めて増大する環境下においては、長期保有が抜き差しならない損失拡大を生み出す危険をはらむからだ。

株価推移が右肩上がりの時代は、株価下落による塩漬け期間が短期で済まされることが多い。しかし、金融市場のボラティリティが拡大し、金融恐慌に類似した経済情勢が発生する局面においては、損失規模がきわめて深刻なレベルにまで達してしまう。

こうしたことを踏まえると、エクイティ資産運用においては、「買い」と「売り」をかなりの頻度で繰り返すアクティブな運用が必要になる。

後述する、「最強・常勝五か条の極意」は、このアクティブ運用において損失を回避しつつ、一定の投資リターンを確実に確保するための最強の「極意」である。

第三の投資戦術が、リスクのミニマイズ＝最小化である。

後述する「最強・常勝五か条の極意」の最重要の極意が、実はこのリスクミニマイズ戦術なのである。投資を行う際に何よりも大事なことは、「損をしないこと」なのだ。「儲けること」よりも「損をしないこと」を徹底的に優先すること。

次に挙げることを、いま一度確実に肝に銘じていただきたい。

①経済金融環境を分析し、金利・為替・株価変動の中期波動を的確に予測し、その予測に基づいて積極的なアセットアロケーション戦術を採用する
②エクイティ資産の運用においてアクティブなトレーディングを果敢に実行する
③全体として積極的な資金運用スタイルを採用するが、実際のオペレーションにおいてリス

クのミニマイズを厳正、厳格に実行する

この投資戦術、投資スタイルにより、年間8％のリターン確保を目指すのだ。8％のリターンを安定的に確保すれば、資産規模は9年間で倍増する。

この8％リターン確保こそ、本書、そしてＴＲＩレポート＝『金利・為替・株価特報』が目指す目的地である。

最強・常勝五か条の極意

①損切り

これらの総論を踏まえて、エクイティ資産のアクティブ運用における最強・常勝五か条の極意を、改めて明記する。

第一の極意は「損切り」である。

アクティブ運用における、最大の鉄則がこの「損切り」である。損切りのルールは、概ね1％程度に設定するべきである。

第二の極意である「逆張り戦術」を用いるということは、株価の安値を狙うことだ。最安値での投資開始に成功すれば、損失を生むことはない。

しかしながら、事前に株価推移を完全予測することは不可能だ。逆張りで投資を始動させたけれども、株価がさらに下落することは、いつでも発生する。その際に、損失を引きずらないことが第一の鉄則である。

損切りルールを1％、あるいは2％という最小単位に抑制する。このラインを越えて損失が拡大する局面では、必ず、そして絶対に、何があろうとも、損切りを実行する。「損切り」を英語で表現すれば、「ストップロス＝Stop Loss」である。ロスを止める。これを実行すれば損失拡大を絶対に防げる。「損切り」をしないから、損失が際限なく続くのだ。「損切り」を実行すれば、それ以上に損失が拡大することは「絶対に」ない。これは保証できる。

価格が下落した際に、その投資対象を買い増すオペレーションを「ナンピン買い」という。しかしながら、ナンピン買いは損失を拡大させる恐れの多い「最悪の手法」である。「ナンピン買い」は絶対にしない。いったん「損切り」を実行して、出直しを図る。これが正しい対応だ。

逆張り投資の手法として、投資を何度かのタイミングに分散させるということはあり得る。初めから予定した複数回による買い付けは、ナンピン買いにはあたらない。

しかしながら、最安値を狙った株価が下落してしまった際に、その損失を取り戻すために行うナンピン買いは、圧倒的に失敗する確率の高いものである。

投資を始動させて価格下落に直面した場合には、例外なく損切りを行う。そして、その損切りのルールはあらかじめ明確に設定しておく。ルールを決めたら、何があってもそのルールを守る。ルールの厳格な運用こそ、極意そのものである。

この損切りの徹底こそ、投資で成功するための第一の必須の条件である。

②逆張り

第二の極意は「逆張り」である。

投資家心理は、必ず相場上昇局面で買い意欲をそそられ、相場下落局面で売り意欲をそそられるものである。その結果として、高くなった局面で「買い」を始動し、当然の帰結として発生する下落局面で「売り」を行うという失敗が繰り返される。

この失敗を繰り返す投資家は、自分の判断と逆のオペレーションを実行することで、投資パフォーマンスを格段に上昇できるかも知れない。

徹底的に相場観が悪いなら、その悪さを活用するのだ。

筆者は、大手証券会社の債券トレーディングルームで、投資分析を担当したことがある。1980年代後半の証券会社においては、債券トレーディングの売買益が、企業収益の大宗を占める状況にあった。極めてアクティブな債券運用が行われていた。

ところが、担当取締役の相場観が悪かった。相場の頂点で買いの指令を出し、相場の暴落局面で売りの指令を出す場面に何度も出くわした。

このような場合、この人物の指示の逆を執行すると高いパフォーマンスを得られる。実際の売買を担当したトレーダーは、担当役員の支持をそう活用していたのだろう。この役員が「買いだ」と号令をかければ、それが「売り」の絶妙のタイミングを示し、逆にこの役員が「すべてを投げ売れ」と指示を出せば、相場の大底になるというわけだ。

したがって、高値で買い、安値で売る失敗を繰り返す投資家は、自己の判断を有効に活用すれば、投資パフォーマンスを劇的に改善できるはずだ。

この投資タイミングを測る有効な方策として、「RSI」と「ストキャスティック」という分析ツールが存在する。インターネットを通じて個人投資家の売買を仲介するネット証券会社は、投資家にきわめて高度な分析ツールを提供している。

その分析ツールのなかに、RSIおよびストキャスティックが含まれている。相場の最安値圏で投資を始動させ、相場の最高値圏で売りを完結させることが理想であるが、そのための判断補助ツールだ。株価チャートには月足、週足、日足があり、さらに短期では1時間足、15分足、5分足、1分足チャートが用意されている。

期間単位の異なるこれらの判断補助チャートを活用することにより、安値圏内での買い付けと高値圏内での売却が可能になる。これらの判断補助ツールを活用することは、絶対に有効である。

逆張り投資で、満を持して投資を始動させる。しかし、その狙いが現実によって覆された場合には、必ず、例外なしに損切りを実行する。これが、高い運用パフォーマンスを上げるために、極めて重要な鉄則になる。

③利食い

第三の極意は「利食い」である。

徹底した逆張り戦術で、投資始動直後の損失を回避する。投資を始動させた直後に損失が表面化した場合には、例外なく損切りを実行する。損切りを繰り返していけば、1％の損失でも100回の損失で投資資金はゼロに近づいてしまう。しかし、その失敗を繰り返すなかで、最安値に近いタイミング、あるいは投資を始動した直後にマイナスに直面することを回避する技術が習得されてくるはずだ。

逆張り戦術と表現したが、実は損切りを回避するために本当に有効な方策は、完全な逆張りではない。

「各種指標により大底が確認されたと判断した直後」を狙うのが良い。

すなわち、瞬間的な超短期の時間尺度で言えば、実は「順張り」なのである。

大底と確認できる局面の直後を狙う。その瞬間においては、順張り投資になるが、その直前の安値が最安値であるならば、その安値を下回る確率は低い。株価の下落途上においては、最安値と判断しても、株価がさらに下落することが頻繁に発生する。したがって、安易に最安値の判断をするのではなく、各種指標により、「底値に到達したシグナルが出た直後」を狙う。これが、重要である。

本題は、「利食い」である。

「利食い千人力」という言葉があるが、投資は、利食いを実行して初めて利益が確定する。逆張り投資を行い、損切りを回避し、運良く株価が上昇したとしよう。

しかしながら、その上昇局面で売りのタイミングを逃し、再び買値に接近、あるいは買値を下回れば、利益を確保することはできない。「逃がした魚ほど大きい」と言うが、トレーディングによる利益確定は、あくまでも、「売り」により利益を確定した瞬間に成立する。

重要なことは、この利食いの水準を当初は小さく設定することである。

損切りのラインを１％に設定するのなら、利食いのラインは３％ないし５％に設定するのがよい。この利益が積み上がれば、リスクテイク能力が増大する。利益がある程度積み上がった時点で、初めて利食い目標ラインを高く設定し得る。

株価の実際の変動を見ると、上昇する局面は上昇スピードが遅く、下落する局面は、短期間に一気に下落する波動を描くことが多い。こうした株価変動の特性を踏まえると、下落に転じてしまった後の売りのタイミング確保は極めて難しくなる。

売りによって利益を確定させた後に、株価が急騰するケースがある。しかし、一定の利益が積み上がるまでは、そのようなリターン追求を、慎重に避ける。小刻みな利食いを積み上げて、初めて全体としての目標リターン確保が可能になるからだ。

④潮流

第四の極意は「潮流」である。

これこそまさに、先に述べた運用戦術の第一の柱、「アセットアロケーション」に直結するものである。経済情勢を分析し、金利・為替・株価の変動を予測する。この変動は、短期、中期、長期とある。重要な予測は、あくまでも中期の予測である。1カ月から3カ月、あるいは1年から3年。この時間視野の金融変動を、いかに的確に予測できるか。

その予測にしたがって、アセットアロケーションを変える。あるいは、株式投資の投資対象セクターを選別する。この戦略が重要になる。

TRIレポートが提供する最重要情報の両輪の一つが、この部分である。政治経済金融情勢を綿密に分析した上で、金利・為替・株価の変動方向を予測する。その予測に基づき、戦術を構築する。

そのなかで、アクティブな運用を積み重ね、年間リターン最低8%のラインを確保するのだ。

当然のことながら、想定外の現象が起こる。その際のリスクをミニマイズするための最大の方策が、「損切り」戦術である。

損切りラインを1％と設定し、いかなる事態が発生しようとも、この1％ルールを厳守する。このことによって、想定外の現象・事象が発生した場合においても、損失を最小化することが可能になる。

資産運用戦略、資産防衛において、最重要のコアの部分が、この政治経済金融分析と、その分析に基づく金利・為替・株価変動予測なのだ。これが投資パフォーマンスの優劣を決する決定的要素になる。

投資パフォーマンスの優劣を決定するコアの要素が、金利・為替・株価変動予測と銘柄情報で、これがTRIレポートの提供する情報の車輪の両輪である。

ここで記述している「最強・常勝五か条の極意」は、このコアになる情報を活かして、実際に投資パフォーマンスを確実に確保するための技術論という位置付けになる。この技術論の第四の極意＝「潮流」が、マクロ環境分析に基づく金融変動予測である。

⑤波動

第五の極意は「波動」である。

波動は、先に示したように、それぞれの個別の投資対象が固有に保持する変動リズムである。株価変動にはさまざまな類型がある。

右肩上がりの安定的な相場上昇を形成する銘柄もあれば、かなりの振幅で上下波動を繰り返しつつ長期のトレンドを形成する銘柄もある。それぞれの銘柄に固有の波動、リズムをいかに正確に読み取るかによって、投資パフォーマンスは激変する。

この個別銘柄の株価変動分析を、「波動」分析と表現している。その分析に対する有用な判断補助ツールが、RSI分析やストキャスティック分析チャートである。

さらに、日足チャートにおける、13日移動平均と25日移動平均、週足チャートにおける13周移動平均と26週移動平均という、移動平均線を用いたチャート分析も、重要な示唆を与える。

RSIやストキャスティック分析においては、数値によって買われ過ぎの局面と売られ過ぎの局面が表示される。さらに過去の時系列推移をたどれば、RSIチャートやストキャスティックチャートがどのような変動を描いてきたのかが一目瞭然である。

この変動パターンと現実の株価推移のパターンを比較検討することにより、適切な投資タイミングの選定が可能になる。

その際の鉄則は「逆張り」であるが、既述したように、純粋な逆張りではなく、大底確認直後の安値を狙うという意味での逆張り戦術が有効である。

損切り、逆張り、利食い、そして全体の金融変動を洞察する最も重要な根幹の「潮流」分析、さらに個別の投資対象の固有のリズムを把握した上で適切な投資タイミングを選定する「波動」分析、これを組み合わせることによって、年リターン8％を確保することが可能になるだろう。

そして、8％のリターンを9年間、安定的に確保すれば資産は倍増するのだ。こうした基本ストラテジーを明確に持つこと。そのための運用手法を確実に執行すること。これが、高いリターンを確保する最善の方策である。

TRIレポートの読者を対象にTRI政経塾を開催している。その政経塾で、ある投資を行ったが、損失が膨らんでしまったので、どう対処すべきかとの質問に出合う。

一定の損失を含み損として抱えてしまっている場合の対処は極めて難しい。TRIレポート、そして本書が一貫して提唱している投資手法の第一の鉄則は、厳格なルールに基づく損切りなのだ。したがって、大きな含み損を抱えているという時点で、この鉄則を遵守していないことになる。

「大きな含み損を絶対に作らない」

これを大前提の鉄則としなければならない。

2015年末発行のTRIレポート＝『金利・為替・株価特報』に、資源価格の大底接近との見通しを記述した。金融市場では中国崩壊、チャイナメルトダウン、世界金融危機と騒がれていた局面である。TRIレポートは2016年の資源価格底入れ、新興国底入れ、中国底入れとの、大胆な見通しを提示していた。実際に、資源価格、中国株価、新興国通価は、2016年2月に大底を形成した。

しかし、逆張り投資を早まって実行した場合、2015年12月から2016年2月までの間に、損失が発生した可能性がある。ただ、この局面においても、投資極意の第一の鉄則である「損切り」ルールを確実に実行していれば、大きな損失には直面しない。

2015年12月に投資を手がけたが、思惑通りに市場が変化せず、損失計上になったなら、その瞬間に損切りルールによって損失を確実に止める。そして、仕切り直しをする。この判断、行動を確実に実行することが重要なのだ。損切りルールを実行していれば、損失は極めて軽微に抑制される。

他方で、基本判断を維持するなら、捲土重来、2016年2月の安値局面で、再度、逆張り投資を再開できる。その結果が極めて大きな果実になってもたらされたことは歴史の事実が証明している。

しかし、この場合でも、2015年末から2016年初頭にかけて、新興国、資源国、資源価格が底入れするという金融変動予測が存在しなければ、逆張り投資には踏み切れない。

金融変動を的確に予測し、相場の変動を精密に予測する情報があれば短期のパフォーマンスは確保できる。この優良情報に加えて、損切り、逆張り、利食い、そして潮流と波動の5つの鉄則を、すべて確実に実行することによって、初めて安定した高い投資パフォーマンスを享受できるのだ。

第7章　第3次産業革命の進展

投資セクターの選別がポイント

中国のＧＤＰが日本を追い抜いたのは、２０１０年だが、それからわずか7年の間に日本経済の規模は中国経済の半分以下の水準になってしまった。成長から取り残された日本経済、失われた10年は失われた20年となり、そして、失われた30年を経過してきた。

この日本経済の低迷を打破する方策を見出さねばならないが、安倍政権が推進する成長戦略は、短期的な企業収益の極大化だけ目指すものになっており、長期的な均衡のとれた経済状況、需要と供給が充足しあう成長経済の姿を示していない。

言ってみれば「収奪経済」「略奪経済」モデルであって、「調和経済」「共生経済」モデルになっていない。それでも日本株価の大きなトレンドは、１９８９年末のピークから２００９年3月のバブル崩壊後最安値を経過して以降、長期上昇波動に転じている。「収奪」でも「略奪」

でも、短期的には企業収益拡大を背景に株価が上昇しやすいからである。

しかし、この延長上に、長期の経済繁栄はない。この点を踏まえた経済モデル全体の刷新が、急務になっている。

こうしたなかで、個人の金融資産の効率的な運用を実現するには、マクロ経済環境、政治情勢、そして国際情勢を洞察した上での適切な資産配分決定が必要であると同時に、エクイティ資産での運用に際しては、経済環境分析に基づく投資対象セクターの選定が重要になる。

上場企業のそれぞれの銘柄には、4桁で示される証券コードが付されている。証券コードはいわばそれぞれの企業、銘柄の背番号に当たる。企業名のなかには極めて類似した名称があり、紛らわしい企業名を短縮して表現すれば、銘柄の混同も生じてしまう。

銘柄を誤る誤発注リスクも無視できない。その混乱を回避するため、上場企業の各銘柄に証券コードが付されている。

近年においては上場企業の数が増え、割り振る番号が足りなくなったために、本来の番号と離れた数値が振り当てられるケースも見られるが、概ね業種によってコード番号が分類されている。この業種分類が基本的にはセクターと呼ばれるものであり、経済環境により各セクターに属する企業の株価が独自の変動パターンを示すことが多い。

マクロ経済金融分析を踏まえて効率的な投資戦略を構築するためには、適切な投資セクター選定が重要になる。そのためのセクター分析の視点を提示しておこう。

第一の分類視点は、通常の業種分類である。大きなグループとして7つのセクターを取り上げておく。

①電機・精密・機械・輸送用機械

第一は、電機・精密・機械・輸送用機械という組み立て加工型の製造業である。世界の中で突出した技術力が評価されてきた日本を代表する産業分野である。これらの組み立て加工型製造業においては、国内需要向けへの生産のみならず、海外に対する製品供給が行われているケースが非常に多い。

組み立て加工型製造業は、基本的に輸出産業であり、その結果として為替レート変動と、世界経済動向から強い影響を受ける。円安は製品価格の競争力を増大させることから企業業績改善の要因になる。逆に、円高進行は、業績悪化要因になる。

また、供給される製品の販売先が北米大陸であるのか、欧州であるのか、あるいはアジア諸国であるのかによって、業績を左右する為替レートが異なってくる。対米輸出であればドル円レート変動がキーファクターであるし、対欧州輸出であれば、ユーロ円レートが鍵を握る。

②化学・医薬品

第二のグループは、化学および医薬品である。

医薬品の場合は、それぞれの個別企業がいかなる製品、医薬品を開発、供給するのかが焦点になる。医薬品の開発は長期の開発期間が必要である。新薬を開発しても、その後に臨床試験等の手続きが踏まれるのであるが、企業の情報を精査することにより大型有望新薬の開発がどの段階にあるのかを、あらかじめ知ることも不可能ではない。

業種全体の動向よりも、個別企業の製品開発のフェーズリサーチが重要になる。

③市況産業

第三のセクターは、市況産業である。

素材、資源、そして総合商社の活動がここに振り分けられる。素材産業、資源産業、および総合商社は、世界経済動向と世界の資源価格動向、そして為替市場に大きく左右される。

資源価格が上昇すれば、基本的には売上が増大し、通常の場合には、企業収益もその売上高推移に連動する。2017年の2月から6月にかけて、米国金融引き締め政策が加速するとの懸念が広がり、資源価格が下落。新興国株価も下落、新興国通貨も下落した。

筆者はこの局面で、調整が一時的なものにとどまり、資源価格、新興国、資源国が再び改善に転じるとの予測を示した。その見通しに基づき、資源、素材、商社セクターへの投資を推奨。予測どおりの現実推移になった。

高い投資収益を獲得するためには、マクロ経済分析と、それに基づく的確なセクター選定が必要になる。

④建設・住宅

第四のグループは、建設・住宅企業である。住宅産業の場合には、経済全体の変動と長期金利動向が重要になる。住宅建設は経済活動全体と連動して変動する傾向が強いが、当然のことながら、低金利局面で住宅投資が活発化する。

とりわけ長期金利が最低水準を通過し、上昇に転じる局面で、低金利の間に住宅を建設しようとする駆け込み需要が発生するため、売上が急増する傾向を有する。これが住宅メーカーの収益、株価に影響を与える。

建設企業の場合には、公共事業依存比率が高ければ、政府の財政支出動向から受ける影響が大きくなる。オリンピックなどの巨大な政府投資を伴う局面では、政府調達との関係の深さが株価変動にも強く影響する。

⑤不動産

第五番目のグループは不動産である。

不動産価格そのものは、長期金利と逆相関の関係を示す。金利低下が資産価格上昇、金利上昇が資産価格下落を誘発しやすい。２０１６年半ばに、日本の長期金利が最低値を記録した。

TRI政経塾では、日本の不動産価格がピークを形成する可能性が高いとを明言した。政経塾参加者の一人は、この予測に従って保有不動産の売却に踏み切り、最高値での売却に成功している。

⑥サービス

第六のセクターは、サービス産業である。

サービス産業は極めて幅が広く、企業業績の分析に際しては、個別企業の企業情報を入手することが必要不可欠になる。専門家の優良な情報を入手できるかどうかが、決め手となると言ってもよい。

⑦通信・情報・情報処理

第七番目のセクターとして提示するのが、通信・情報および情報処理産業である。21世紀に入り、とりわけ注目を集めている分野がこのセクターである。しかしながら、このセクターのなかでも、当然のことながら極めて激烈な優勝劣敗が起こる。急浮上する会社がある一方で、破綻に追い込まれる企業も後を絶たない。これもまた個別企業に対するリサーチが必要不可欠になってくる。

投資の着眼点

さらに、セクター分析とは別に、投資の着眼点による選別の基準を４類型示す。

①優良ビジネスモデル

第一は、優れたビジネスモデル構築に成功した企業である。

代表例として、ユニクロを運営するファーストリテイリングと、家具雑貨を取り扱うニトリを挙げよう。両社ともに、生産から販売までの垂直型統合を実現している企業である。グローバルに事業を展開し、最小のコストで、最もパフォーマンスの高い製品を消費者に提供している。垂直統合を実現することにより、取引コストの圧縮に成功している。

グローバルな最適立地体制を構築することにより、競合他社に比べて、優越的な価格競争力を実現している。両社ともに創業者による優れたビジネスモデル構築が、成功をもたらした源泉になっている。

②高水準ＣＰ＆ＣＳ

第二は、高水準のＣＰ＆ＣＳを実現している企業である。

CPとはコストパフォーマンス。価格比での高品質の財・サービス提供が評価の基準だ。「品質」には有形の「製品品質」だけでなく、無形の「サービス品質」が含まれる。

このパフォーマンスを測る尺度が、顧客満足度＝CS＝カスタマーサティスファクションということになる。

消費行動全体が、「モノ」の消費から「コト」の消費に移行している。消費者の満足度はハードウェアとしての製品そのものよりも、企業が提供する「サービスの品質」によって決定される傾向が強まっている。

戦後の日本経済では、製造業が優れた品質管理技術を構築し、優れた製品を世界市場に供給した。モノにおける品質管理技術の向上により、日本企業の競争力が極めて高くなった。

これに対して、現代においては、企業が提供する無形のサービスの品質を引き上げることが、競争力を左右するようになっている。

オリエンタルランド社は東京ディズニーリゾート（ＴＤＲ）という余暇施設を提供している企業だが、ＴＤＲは従来の日本の遊園地と別次元のサービスを創出し、これによって高い顧客満足を実現してきた。サービス分野の品質管理・品質向上が問われている。

③レジャー・観光・余暇

第3のカテゴリーは、②のカテゴリーと重複する部分があるが、レジャー・観光・余暇産業である。

エンターテインメント、旅行、体験型レジャーを供給する市場が拡大している。東京オリンピック・パラリンピックが開催されることになっているが、日本全体のホテル客室数の急増も見込まれている。高級シティホテルのみならず、ビジネスホテル領域でも激しい競争が展開されている。

外食産業を出発点とするロイヤルホールディングスや、社宅・学生寮ビジネスを出発点とする共立メンテナンスなどの企業がホテル事業に本格進出するとともに、外資ファンドが日本におけるホテルビジネスを急激に拡大させている。

いずれも、各企業が構築してきたビジネスモデルの優劣により、優勝劣敗が決定されつつある。この分野でも価格に対するサービス品質、顧客満足度が競争力の差異をもたらしている。

訪日旅行者が急増傾向を示している。中国の株価・不動産価格急落、人民元下落によって、バブル的なインバウンド消費は後退したが、長期趨勢としての外国人旅行者増加の流れは継続している。同時に、国内消費者の消費行動における、「モノ」から「コト」へのシフトも重要変化である。優れたビジネスモデルの構築が鍵を握る。

④ニッチ

第４のカテゴリーは、ニッチである。

特定分野において世界的に高いマーケットシェアを維持し、さらに他の追随を許さない企業が存在する。自転車部品のシマノや、精密減速器のハーモニック・ドライブなど、極めて狭いエリアで圧倒的な強みを発揮する企業が存在する。

こうした視点から投資対象を絞り込み、さらに、企業特性、株価変動、株価水準評価を精査して投資極意を完全順守して投資行動を執行することが必要である。

産業革新の波

日本経済は、失われた30年とも呼ぶべき長期停滞の状況にあるが、その一方で新しい技術革新、新しい成長分野が大きく開花している現実に着目する必要がある。

18世紀、第1次産業革命が発生した。蒸気機関が発明され、軽工業分野における飛躍的な技術革新が進展した。繊維産業で始動したこの大きなうねりが、生産水準の飛躍的な上昇と社会経済構造の大きな変革をもたらした。蒸気機関の発明は、同時に鉄道という新しい輸送機関の登場をもたらした。さらに製鉄技術の急激な発展により機械設備が供給され、主に軽工業分野における飛躍的な生産性上昇がもたらされたのである。

19世紀になると、この産業革新の波が軽工業分野から重化学工業分野に移行した。第2次産業革命である。鉄鋼、化学、電気といった分野で、急激な技術革新が進み、今度は重化学工業分野での飛躍的な生産性向上が生じた。

その延長上に20世紀の世界経済が位置付けられるのだが、この20世紀においても、その末期に極めて重大な技術革新の波が広がった。ＩＴ革命と呼ばれた情報通信技術の飛躍的な発展、第３次産業革命である。

コンピュータ技術が急激な進化を遂げ、大型汎用コンピュータ中心の利用形態からパーソナルな小型コンピュー中心の利用形態へと移行した。このことによって、経済全体としての情報処理能力が飛躍的に拡大した。

とりわけ、事務労働分野におけるビジネスモデルの劇的な転換が発生したことを特記できる。情報処理技術の飛躍的進化が、企業内の事務労働を一変させた。そして、20世紀末尾に発生した技術革新は、単なる情報技術の進化にとどまらなかった。

これが通信システムと融合されて、「二次元」から「三次元・四次元の広がり」に劇的な進化が生じた。インターネット情報ネットワークが構築され、情報処理技術と融合して、革命的な生産性上昇、ビジネスモデルの劇的革新がもたらされた。ＩＴ革命の「革命」の表現に見合う変化が発生したのである。

その結果として、18世紀の産業革命同様に、労働者の環境に激しい変化がもたらされた。多数の高所得ホワイトカラー労働力がＩＴによって代替された。ホワイトカラー労働者の非正規労働者への転換、転落の流れも加速した。企業の労働コストは大幅に低下したが、これが、労働者の分配所得減少、格差社会構築の原動力にもなった。

こうした重大な変化が、1980年から2000年にかけて米国を先頭に世界に広がった。その延長上で始動した21世紀は停滞の世紀に見えるが、しかしそのなかで、さらに新しい重要な技術革新の波が押し寄せている。

5つの重要な新技術領域を提示しておこう。頭文字から「FABES＝フェイブス」と命名しておく。

すなわち、Fintech（フィンテック＝ファイナンシャルテクノロジー）、Artificial Intelligence（＝AI＝アーティフィシャル・インテリジェンス＝人工知能）、Big Data（ビッグデータ）、Electric Vehicle（＝EV＝エレクトリック・ヴィークル＝電気自動車）、そしてSolar Power（ソーラーパワー＝太陽光）である。この5つの領域の技術に急激な変化が生じており、株式市場における重要なテーマにも浮上しつつある。

①フィンテック

フィンテックは急激な広がりを示しているが、一般的によく知られている変化は仮想通貨の拡大であろう。

2008年10月、ある暗号学のメーリングリストに「Bitcoin: A Peer-to-Peer Electronic

Cash System（ビットコイン電子マネーシステム）」という論文が発表された。論文の執筆者名にはサトシ・ナカモトと記されていた。

しかし、このサトシ・ナカモトが何者であるかは、いまだに特定されていない。サトシ・ナカモトによる論文は、たったの9ページのものであった。そのなかにビットコインの仕組みが記され、その中核技術であるブロックチェーンについて簡明な記述が施されていた。

このブロックチェーンこそ仮想通貨ビットコインの核心であり、いま、その技術の応用が多くの分野で広がりを示し始めている。

サトシ・ナカモトが提示したブロックチェーンと呼ばれる新しいデータベースには、３つの大きな特徴がある。

Ａ　政府や中央銀行のような管理者が存在しない
Ｂ　データベースの書き換えや改ざんなどを行うことが絶対に不可能である
Ｃ　障害が発生してもシステムがダウンしてしまうことが絶対にない

ブロックチェーンとは、「取引の履歴情報をブロックチェーンネットワークに参加する全員が相互に分散して保管維持し、参加者がお互い合意をすることで、そのデータの正統性を保証する分散型台帳」ということになる。

英語で表記すれば分散型台帳はDistributed Ledger Technologyということになる。詳細は専門的になるため割愛するが、このブロックチェーン技術により、障害に強く、データの改ざんが難しく、しかも低コストで実現できるシステムが提供されることになった。

そして、金融関連のビジネス領域において、このブロックチェーンに代表される仮想通貨のみならず、多様な技術革新が急激に進行しており、その変化が既存の金融機関のビジネス環境を根底から揺るがし始めている。

金融分野での技術革新は、ビットコインなどに代表されるブロックチェーン、仮想通貨領域だけではなく、モバイル通信機器を用いた資金決済、送金、会計業務支援、家計資産管理アプリ、融資クラウド・ファンディング、セキュリティ技術、そして投資資産運用などの多岐にわたっている。

投資資産運用領域の新しい技術展開は、既存の金融業界ではなく、グーグルなどに代表される情報処理技術企業による新規参入をもたらしつつある。金融という特殊なシマ＝エリアのなかでの競争ではなく、新興企業、新興産業が次々に参入してくるかたちで金融技術革新が急激な勢いで進行し始めている。

日本の銀行業界は、長期にわたる超低金利状態の持続により、その収益基盤を根底から揺るがされている。銀行の利益の源泉は本来、貸出金利と調達金利のスプレッド＝利ザヤにあったが、債券利回りゼロ、あるいはマイナスに突入する状況下で、銀行ビジネスはコストをまかなうだけの利ザヤさえ獲得することができなくなってきている。

　そのなかで融資業務、決済業務が新しい金融技術によって代替され、その金融技術を他業態の企業、あるいはベンチャービジネスとも呼べる新興企業が担う可能性が急浮上している。

　新しい急成長企業が誕生する一方で、既存の大銀行が巨大な隕石の地球衝突によって突然絶滅した恐竜のように、企業破綻に追い込まれることも否定はできない。

②ＡＩ

③ビッグデータ

　第２の技術革新領域として挙げられるのがＡＩ（アーティフィシャルインテリジェンス＝人工知能）である。ＡＩとビッグデータとは密接な関わりを持つ。すべてのモノがインターネットによって接続されるＩｏＴ（インターネット・オブ・シングス）という展開が急激に進行している。そして、このインターネットによって接続されたすべてのモノにかかわる情報が、巨大な蓄積を続けている。これがビッグデータである。

　ビッグデータを解析することにより、情報処理技術のなかに巨大な情報が蓄積され、これが新しい適切・的確な判断を生む源泉として活用される。巨大データから解析されて抽出される解答を活用するのがＡＩなのである。

　フィンテック、ＡＩ、そしてビッグデータは、20世紀末に発生したＩＴ革命、インフォメーション・テクノロジーの延長上にある。通信ネットワークによって媒介、蓄積された巨大な情報と急激に進化し続ける情報処理技術が融合されて、新しい知的な財産領域が誕生している。ここに巨大なビジネスが生まれている。

ＡＩを活用したビジネス領域のなかで、すでにビッグビジネスとしての展開が視界に入っている分野の一つが自動運転の技術領域である。巨大産業である世界中の自動車産業がいま、もっとも注力している技術領域である。

日本のトヨタが世界最大企業に登り詰めたが、21世紀に移行して自動車産業のエリアの核心がモノづくり＝ハードウェアの製造業から情報処理産業に移行することも想定され始めている。

フォーチュン誌が発表する世界のトップ企業１０００＝「フォーチュン１０００」にリストアップされている企業には、多くのシリコンバレー企業がある。

アドビシステムズ、アドバンスド・マイクロ・デバイシズ、アップル、シスコシステムズ、イーベイ、エレクトロニックアーツ、グーグル、ヒューレットパッカード、インテル、フェイスブック、オラクル、シマンテック、ヤフー……。

これらの企業は、すべて米国カリフォルニア州サンフランシスコ郊外にあるシリコンバレー立地企業である。こうした情報処理企業群が、いまや時価総額において、世界を代表する製造業大手企業を抜く地位を確保するに至っている。

ＡＩの進化が私たちの日常生活に重大な変化をもたらす可能性が高いのが、自動運転の領域である。すでに衝突防止システムが、多くの乗用車に搭載されている。近い将来、運転のすべてが自動化され、自動車の利用者が遊園地の観覧車のように、乗員すべてが対面してただ座っているだけで目的地に到着する、というシステムが構築される可能性が生まれている。

④ＥＶ

同時に、急激な変化が想定されているのが自動車産業の中核技術の変化である。現在の自動車の大半はエンジン自動車であるが、次世代の自動車は非エンジン自動車になると予想されている。有力な主力技術は、電気自動車（ＥＶ）と、燃料電池車（ＦＣＶ）であると想定されているが、この二つの技術が併存することは考えられない。どちらかが淘汰され、一つに収束する可能性が高い。

電気を動力としてモーターを駆動させるという点でＥＶとＦＣＶに違いはないが、モーターを駆動させるプロセスに相違がある。ＥＶは車載バッテリーにあらかじめ電気を充電し、モーターを駆動させるものである。これに対しＦＣＶは燃料になる水素を車載タンクに貯蔵し、車載の燃料電池で化学反応を起こして発電し、モーターを駆動させる仕組みである。

このために、ＥＶにおいては充電のための充電スタンドが必要であるのに対し、ＦＣＶでは水素を補給するための水素スタンドが必要になる。ＥＶの利用が拡大すれば、充電スタンドの施設が拡大する。ＥＶの利用者の増大が、充電スタンドの整備を促進する。スタンドの増設が促進されれば、それがまたEVの利用を促すことになる。

したがって、EVとFCVの利用拡大のペースに相違が出てくると、その変化が加速され、結局は一つの技術だけが残存し、もう一方の技術は淘汰されてしまう可能性が高いと考えられている。

世界の現状を見ると、すでに大きな流れが形成されつつある。FCVは淘汰され、EVが主流の地位を確保する流れが生まれ始めている。米国では2015年にすでに10万台以上のEVが販売されている。日本国内では、2016年度のEV販売台数は約1万5000台。他方、FCVは約1000台でしかない。

これと連動するかたちで、国内の充電スタンドはすでに2万カ所に達しているが、水素スタンドは100カ所しかない。

こうしたなかで、主要国が中期的にガソリン車を禁止し、新エネルギー車に軸足を移す方針を次々に示している。英仏は2017年7月に、2040年までにガソリン車およびディーゼル車の製造販売を禁止する方針を示した。これに連動するように、中国政府もガソリン車を禁止し、EV車に移行する方針を示している。

重要なことは、巨大産業である自動車産業において、エンジン車およびディーゼル車が消滅してEV車が代替するときに、その供給を担う企業が激変する可能性があることだ。

エンジン車においては、エンジンやトランスミッションなどの機械部品が主要な自動車部品となり、巨大なサプライチェーン＝主要部品の複雑な依存関係を必須とする。

これに対し、ＥＶ車においては、バッテリーやモーター、充電器などの主要部品が電気系統で接続され、ケーブルで連結されるために、主要な部品の間の相互依存関係はきわめて単純になる。

エンジン車の場合には、相互に連結される部品が3万点以上に上り、巨大なサプライチェーンが形成され、それを統合するためにきわめて高度な技術が必要だった。だが、ＥＶ車の場合には、その統合が単純化されるために、他業界からの新規参入が極めて容易になる。

技術的にはリチウムイオン電池が中核技術となり、自動車関連産業の構成比率が激変する。すでに世界の株式市場においては、ＥＶ関連企業の株価が大幅上昇を示している。米国においては、ＥＶ車の先駆企業であるテスラの時価総額が急激な拡大を示すと同時に、リチウム電池生産大手企業の時価総額も急増している。

日本を代表する巨大企業が自動車メーカーであるが、自動車産業の中核がエンジン車、ディーゼル車からＥＶ車に転換する流れを想定するならば、自動車産業における主力企業、中心企業の配置が劇的な転換を示すことも想定しうる。

⑤ソーラーパワー

第５の重要技術革新領域は、ソーラー発電システムである。２０１１年3月11日の東京電力福島第一原子力発電所重大過酷事故は、米国のスリーマイルアイランド、旧ソ連邦のチェルノブイリに続き、原子力発電事業の宿命的な限界を改めて露呈したものである。

原子力ビジネスは、ひとたび重大事故を発生させれば、修復不能な損失が生じてしまう。その損失は、単に一企業、一国に経済損失を与えるというレベルのものではなく、場合によっては、一国全体を破滅させる、あるいは地球全体を破滅させる潜在的なリスクを伴うものだ。

原子力発電を放棄し、化石燃料を用いた発電に依存することも検討されるが、化石燃料利用が地球環境に負荷を与えるとの見解も存在する。地球温暖化仮説には有力な懐疑説が存在しており、その真偽は明確とは言えないが、CO_2の発生量増加が地球の表面温度を押し上げる、いわゆる温室ガス効果が存在することは客観的に確認されている。

こうした事情に鑑みると、もっともクリーンで、もっとも永続性のあるエネルギー源の最たる存在は、言うまでもなく太陽光である。太陽光を活用した発電が拡大してきたが、その発電コスト、採算性に最大の影響を与えているのは、太陽光パネルの価格である。

その太陽光パネルの価格が飛躍的に低下している。すでに世界のトップメーカーは中国企業に移行しているが、付帯設備を含めても十分に採算のとれるレベルに太陽光パネルの価格が低下している。

ところが、日本においては太陽光パネルを利用した発電が全面的には開花していない。理由は、この最もクリーンで、最も採算性の高い太陽光パネルの発電が普及してしまえば、日本のすべての電力会社が破綻の危機にさらされてしまうからである。

電力会社こそ日本の経済利権構造の中核に位置する存在であり、官僚の利権構造、政治家の利権構造という自己都合によって、大手電力会社による電力供給システムが守られている。太陽光発電が既存の発電技術に代替する経済的、物理的能力を保持し始めていながら、その開発、発展が阻害されているわけだ。

太陽光パネルを用いた発電を普及させないための巨大な規制、制約が設けられている。規制改革を叫ぶのなら、真っ先に手を付けるべきはこの規制の撤廃である。太陽光パネルによる発電電力を固定価格で購入する電力量に上限が設定され、発電量の拡大が妨げられている。

また、農業生産の現場においては、過剰な太陽光の摂取が農作物の生育に有害な影響を与えるケースがある。このことを踏まえれば、農地空間に太陽光パネルを設置し、太陽光の一部を発電に利用すると、農作物の最適生育と太陽光発電を同時に実現できる。この技術もすでに確立されているが、その普及にブレーキがかけられている。

電力会社の利権構造に基礎を置く日本政府、官僚機構が太陽光パネル発電の飛躍的拡大を妨害する行動を示し続けている。

しかしながら、いずれ合理的な判断が非合理的判断を駆逐することになる。これは時間の問題だ。新しい合理的判断能力を保持する政権は、太陽光パネルによる発電増加を阻止している現在の諸規制、諸行政指導を撤廃するはずだ。

そうなれば、太陽光パネルを活用した発電技術が日本の電力供給の中核を担うようになるはずだ。太陽光による発電のエネルギー源は永遠に不滅のものであり、同時にもっともクリーンなものである。ソーラーパネル発電事業の規模は、いずれ飛躍的に拡大することになると考えられる。

〝FABES〟と表現した極めて重要な技術革新の波、第4次産業革命が、日本経済にも押し寄せている。さらに、もう一つのキーワードを付け加えるなら、IoT（インターネット・オブ・シングス）になるだろう。1980年代以降に急激な進化を遂げたIT。その延長上で巨大な情報処理テクノロジーが急激な進化を示す。さらに、自動車産業におけるEVの普及、エネルギー調達におけるソーラーパネル発電の急激な拡大という重要な変化が生じていることを見落としてはならない。

第8章　日本株価の決定要因

ドル円と日経平均の連動

次ページのドル円と日経平均株価の直近5年間の推移を見ていただきたい。両者を対比させると、極めて強い連動関係を観察できる。円安が株高、円高が株安をもたらしているように見える。

２０１２年11月に、野田佳彦首相と自民党党首安倍晋三氏の党首討論があり、解散総選挙が決まった。野田政権が終わり、安倍政権が発足するとの見通しが広がって日本株価の急上昇が始動した。

その原動力になったのが円安の進行で、円安の進行に連動して日本株価が急騰した。為替と株価の連動関係は、その後も基本的には持続して現在に至っている。

ただし、２０１７年に限っては、為替が円高傾向を示すなかで、日本株価の上昇が観測され

ドル円（直近5年）

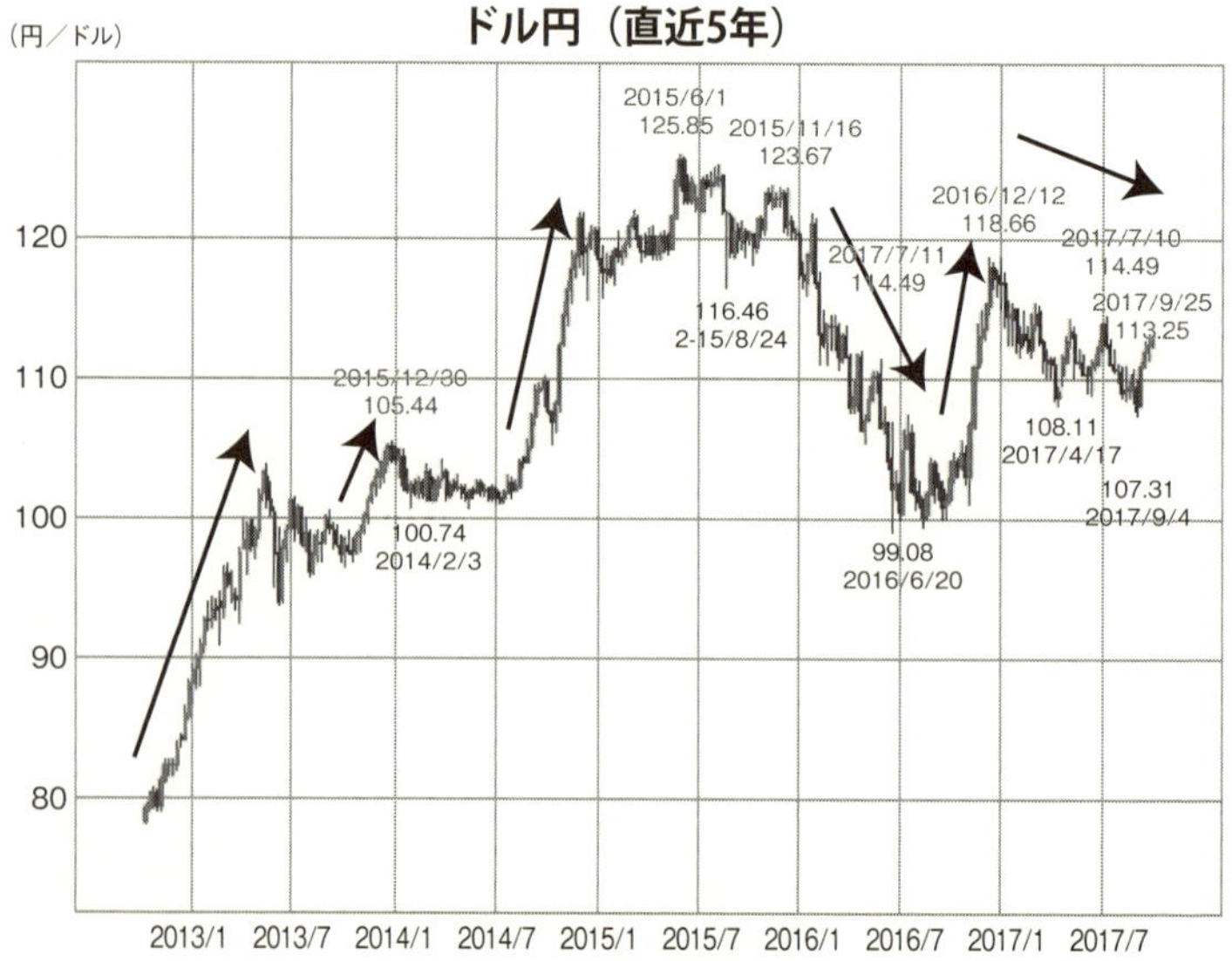

日経平均株価（直近5年）

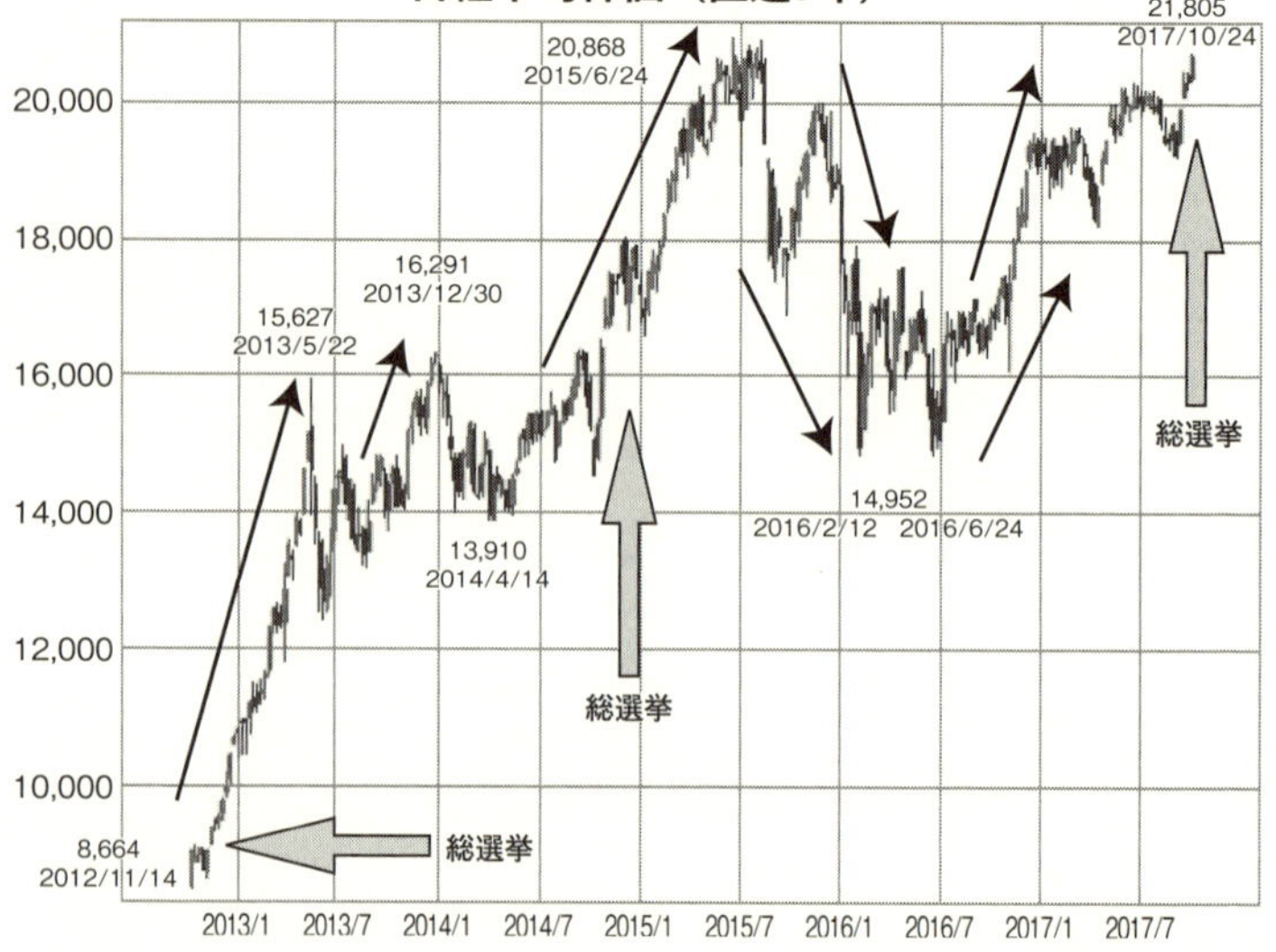

ている。両者の連動関係は、ややずれてきている。その理由は、株価の決定要因が為替レートだけではないというところにある。日本株価を押し上げる要因が他にもあり、その別の要因が日本株価を押し上げているのだ。

日本株価の決定要因をTRIレポートでは「1＋3」と表現している。「1」は企業収益で、これが株価決定の基本ファクターになる。「3」がそれ以外の要因で、①ドル円、②ニューヨーク株価、③上海総合指数である。

日本株価を押し上げている最大の要因は企業利益である。企業の利益が拡大していることが株価上昇の第一のファクターである。この利益を基準に考えると、日本の株価は依然としてかなり割安な水準に位置していると判断できる。

東証株価指標に示されている株価収益率、PER、そして、その逆数である株式益利回りに着目していただきたい。

PERは「株価収益率」のことで、1株利益分の株価で算出される数値だ。株価が1株利益の何倍かを示す。「前期基準」は2017年3月期利益を基準に算出した数値で、「予想」は2018年3月期予想利益を基準にして算出した数値である。

日経平均株価のPERは2017年3月期基準で16・1倍、2018年3月期予想基準で15・0倍である。これを逆数にしたのが株式益利回りで、株式の利回りを示す。

今期予想利益基準で利回りは6・7％。1株利益は配当に回されても、配当に回されなくて

株価収益率（連結決算ベース）（2017年10月20日現在：日経平均株価21,457円）

項目名	前期基準	予想
日経平均	16.10倍	15.00倍
JPX日経400	16.07倍	16.13倍
日経300	16.25倍	15.80倍
日経500平均	17.20倍	16.37倍
東証1部全銘柄	17.62倍	16.54倍
東証2部全銘柄	ー倍	13.99倍
ジャスダック	23.02倍	19.23倍

株式益回り（連結決算ベース）（益利回り4％＝PER25倍相当日経平均株価：35,761円）

項目名	前期基準	予想
東証1部全銘柄	5.67%	6.04%

も株主に帰属する。したがって、株主にとっての利回りは、「配当利回り」ではなく「益利回り」で考えるのが妥当である。

日本の債券利回りがほぼゼロであるときに、株式の利回り6・7％は圧倒的に高い。利回りが高いのは、株価が安いからである。債券利回りがゼロだから、株式の利回りは4％で妥当ではないかとの考え方が出てきても不思議ではない。

株式の益利回りが4％になるには、日経平均株価が3万5761円になる必要がある。日経平均株価の適正値がこの水準だとは主張しないが、日本の株価に大きな上昇余力があることは間違いない。

また、2017年3月期利益基準のPERよりも、2018年3月期予想利益基準のPERが低下するのは、利益が拡大する予想になっているからだ。企業利益が拡大傾向にあることが、株価上

ニューヨークダウ（直近1年）

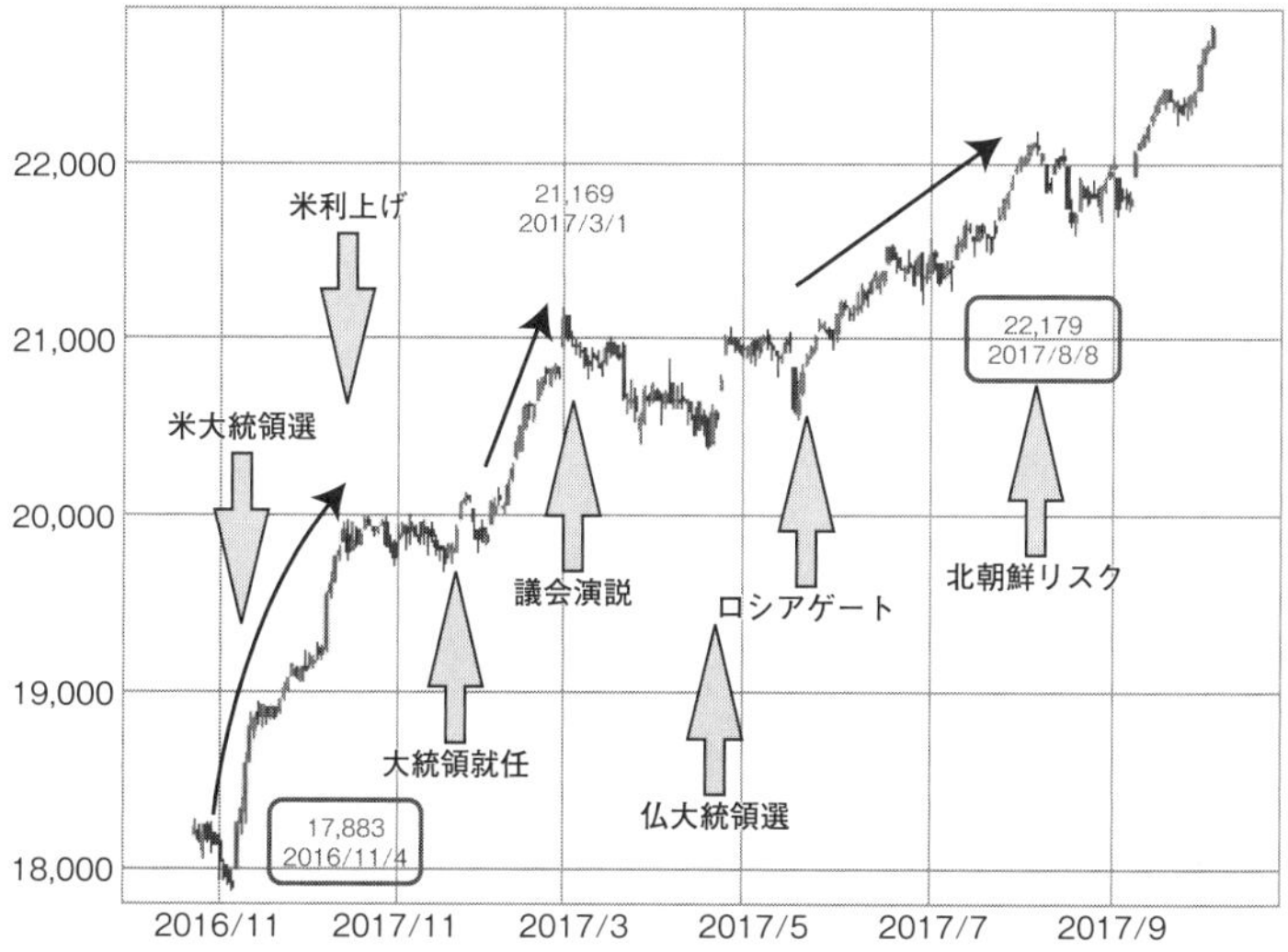

昇を支えることも認識しておく必要がある。

これ以外の「3」のファクターをチェックすると、まず、ニューヨーク株価は2016年11月の大統領選以降、完全な右肩上がりの推移を示している。大統領選直後の上昇、2月末のトランプ議会演説に向けての上昇、そして、5月以降の上昇、9月以降の上昇で、まさに青空相場に突入している。

5月10日前後にFBIのコミー長官解任があり、ロシアゲート疑惑で株価は一時的に下に振れた。8月から9月にかけては、北朝鮮問題とトランプ大統領の白人至上主義に対するコメントに関する論議で、やはり株価が一時的に下に振れた。しかし、これらをすべて撥《は》ね退《の》けて株価上昇が持続している。

上海総合指数（直近1年）

他方、上海総合指数は、２０１７年４月から5月にかけて、米国金融引き締め加速懸念からの調整が観察されたが、３０００ポイントを割りこむことはなく、その後に大幅反発を演じて２０１７年10月を迎えている。

そして、残るもう一つの要因がドル円レート変動ということになる。

ドル円の変動については、少し掘り下げて検証してみることとする。

２０１７年の米金利とドル円

米国の10年国債利回りと、ドル円レート変動の直近1年間の推移を並べて掲載している。これもまた、驚きを与える連動関係だ。

直近1年間の動きを追ってみると、まず、２０１６年11月の米国大統領選挙後に米国長期金利が1・8％から2・6％に急上昇した。その理由は、トランプ政権が思い切った成長政策を打つとの「期待」が広がったことである。

既述したように、1兆ドルのインフラ投資や5兆ドルを超えるような減税が検討されることになったが、これらの政策への「期待」＝「予想」から米国長期金利が急上昇したと理解できる。

これに連動してドルが跳ね上がった。日本の株価上昇は、この跳ね上がったドルに連動したものであると考えることができる。

ところが、米国の長期金利は12月中旬を境に上げ止まった。上げ止まったと言うより、反落したと表現するのが正確だ。背景にＦＲＢによる利上げ実施があった。ＦＲＢによる利上げは、インフレ亢進《こうしん》にせき立てられたものではなく、予防的な引き締め措置だった。このため、金利引き上げで長期金利上昇要因は材料出尽くしとなり、長期金利が低下に転じたのだ。これは２０１５年12月の利上げでも観察されたことだ。

ＦＲＢは２０１７年3月にも利上げを実施し、このときも長期金利が反落している。

そして、4月にかけてリスクオフ相場があった。フランスの政変リスクが拡大し、北朝鮮でも不透明感が強まった。経済についても先行き警戒感が広がった局面で、この変化を映して米国長期金利が低下した。

米国10年国債利回り（直近1年）

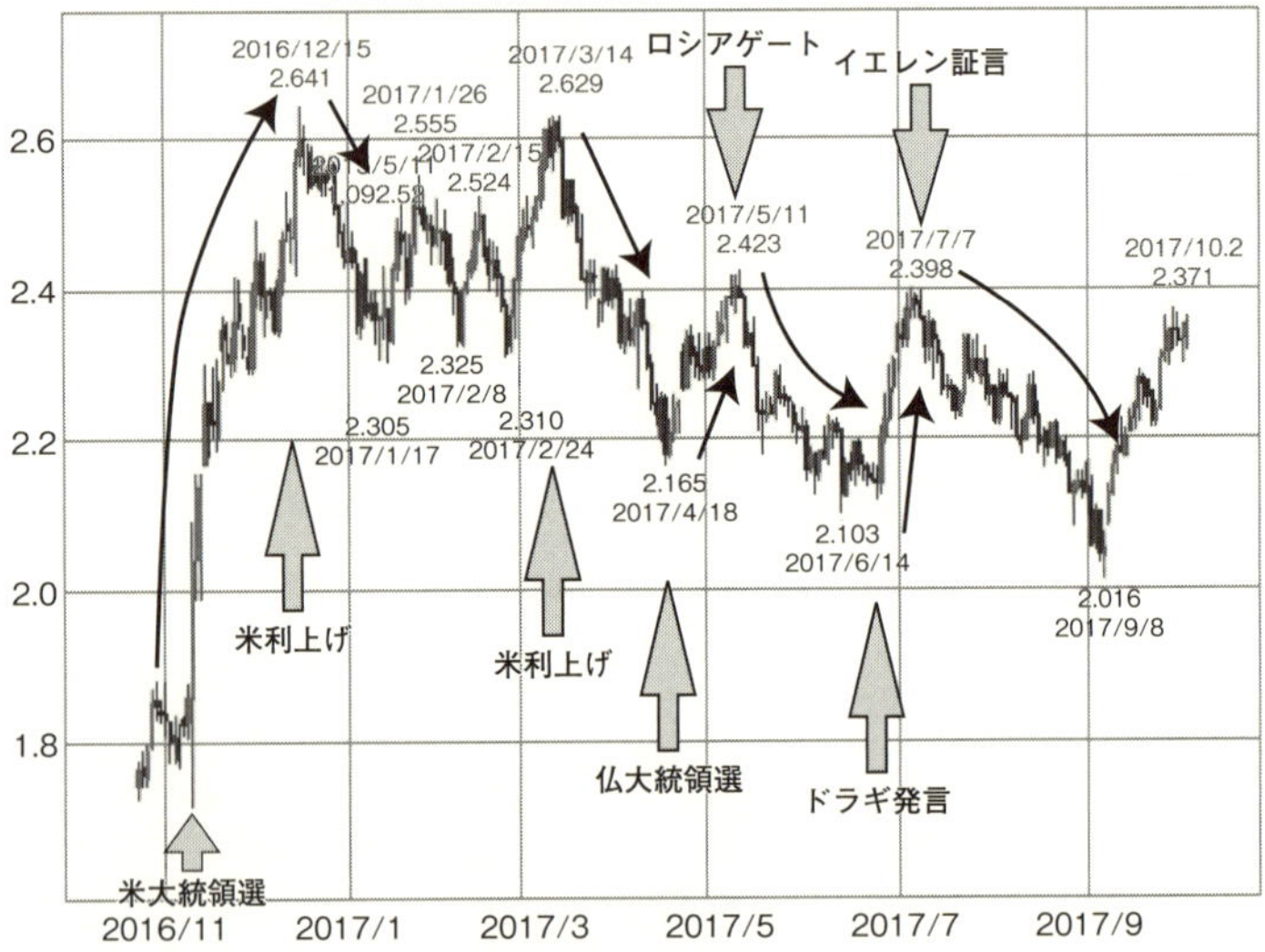

ドル円（直近1年）

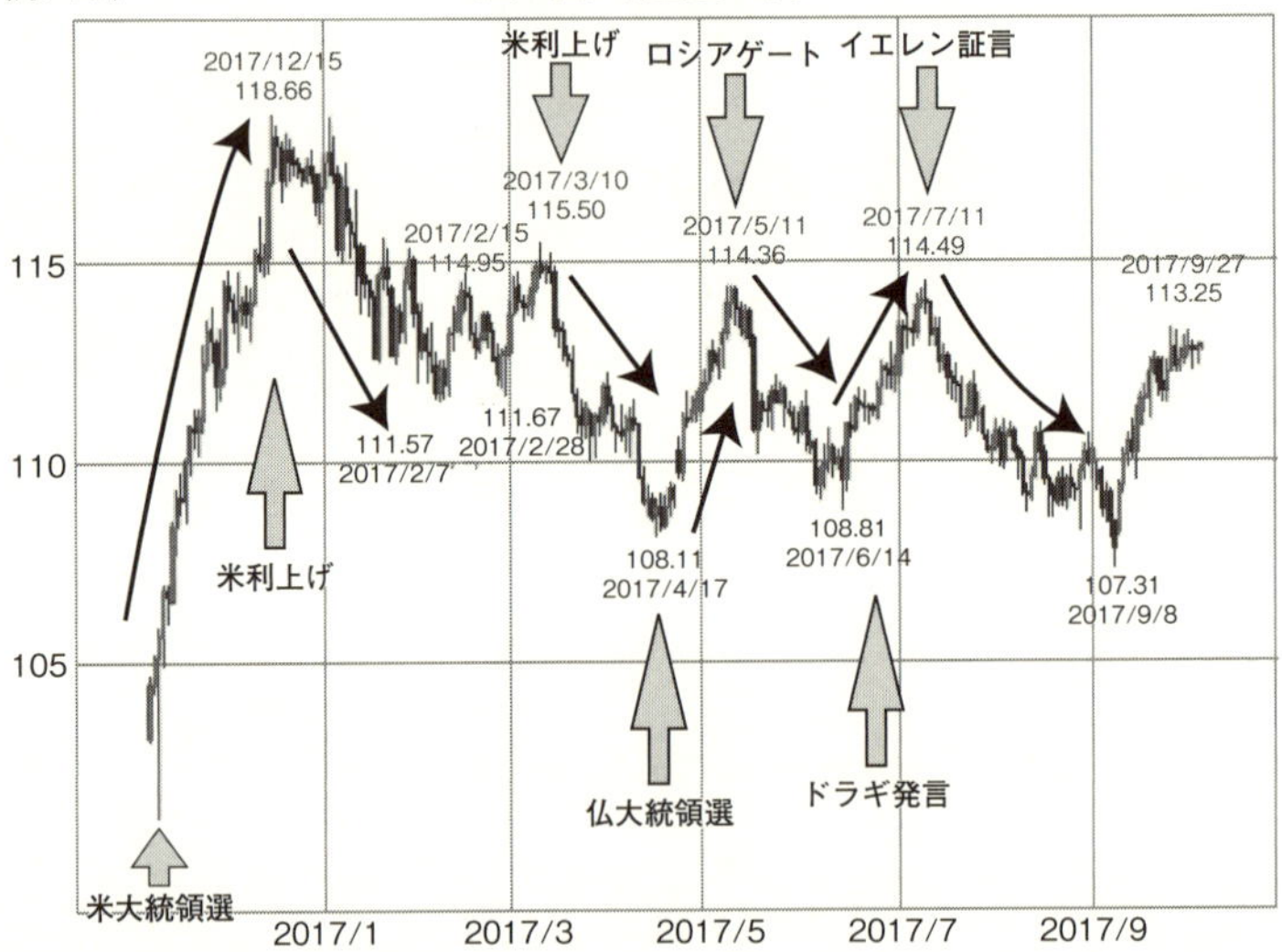

さらに、ＦＲＢの利上げ政策が加速するなら、その影響で米国経済に強い下方圧力がかかる。こんな予想も影響したと考えられる。

流れが転換したのが4月18日だ。フランス大統領選の第１回投票で中道右派のマクロン候補が勝ち残ったが、当選の見通しが強まってリスクオフ相場が終焉した。

ところが5月11日以降、米国長期金利はもう一度低下した。背景はロシアゲート疑惑の拡大。コミーＦＢＩ長官が解任され、トランプ大統領が捜査妨害したと受け取れる情報が流された。米国政治の混乱が警戒されて、長期金利が反落したのである。

この流れが次に変わったのは6月下旬だった。ＥＣＢのドラギ総裁が、6月27日にポルトガルで開かれたＥＣＢフォーラムで、欧州情勢について「デフレ圧力はリフレの力に置き換わった」と発言した。これを契機に、世界的な長期金利上昇が生じた。

金融政策における量的金融緩和は、２００９年に米国が着手し、２０１３年に日本が後追いした。２０１５年になって最後に動いたのがＥＣＢ＝欧州だったが、米国は完全にその修正に動いている。米国の次は順序からすれば日本ということになるが、黒田日銀はなお量的金融緩和を続けている。この日本を追い越すかたちで、いまＥＣＢが量的金融緩和政策の縮小を検討し始めた。

この政策修正を示唆する重要な発言がドラギ総裁から飛び出し、これが米国長期金利の転換点を形成した。

しかし、米国金利はそのまま上昇を続けず、7月7日以降、反落した。7月12日に実施されたFRB議長による年2回の議会証言で、イエレンFRB議長が米国のインフレ率の落ち着きを強調したからである。これを契機に米国長期金利が低下した。そこに、8、9月の北朝鮮リスク再燃が重なり米国長期金利低下と、これに連動するドル下落が生じた。

だが、この動きも再度変化した。9月9日の北朝鮮建国記念日に北朝鮮の大きな動きはなかった。金融市場は北朝鮮リスク後退と判断し、これを転換点に米国長期金利が反転上昇したのである。

ドル円レート変動の推移をたどると、驚くほどに米国長期金利と連動していることが分かる。ドル円レート変動に最も強い影響を与えているのは、間違いなく米国長期金利変動である。

2017年10月7日付日本経済新聞に、「北朝鮮緊張で円高 なぜ?」と題する特集記事が掲載された。見出しには「為替の謎、3つの理屈」と書かれていたが、日本経済新聞はドル円レートが米国長期金利に連動して変動しているという重要事実を把握していないことが分かる。その後の紙面では筆者の見解が伝わったのであろう。米国長期金利に連動するドル円レートの認識が示されるようになった。

これらの分析から、金融市場分析を精密に行えば、かなりの程度、理路整然と現実の変化を説明できることが分かる。しかし、過去の出来事を理路整然と説明できるだけでは資産防衛、資産運用戦略構築には役立たない。

重要なことは、理路整然と説明し得る、その論理を基軸にして、未来の変動を的確に予測、洞察することである。予測に際して設定する前提の置き方が正しくなければ結果を誤ることはあるだろうが、重要なことは、現実を正しく説明し得る論理、ロジックを正確に把握することである。

為替レートの決定要因

為替レートの決定要因、変動要因として挙げることができるのは、①経常収支変動、②実質金利差、③政策当局の意向、である。

第一の経常収支変動、つまり貿易収支、経常収支の不均衡は、日本の黒字が大きくなると、円高になりやすく、黒字が小さくなり、赤字に転落すれば、円安になりやすいというものだ。米国が貿易収支、経常収支の赤字を抱えていることは、基本的にはドル安、円高を誘発しやすい要因だ。

第二の金利差で重要なのは、本来は実質短期金利差である。長期金利は実質金利での裁定が働きやすく、実質金利差が解消されてしまえば、為替を変動させる要因にはならなくなる。

しかし、短期金利は中央銀行がコントロールするために、実質短期金利差が残存し、この金利差を背景とする資本移動が恒常的に発生することから為替レート変動要因になりやすいと考えられる。

ただし、現実には、経常収支の短期変動は小さく、また、実質短期金利差の変動が生じていないために、米国長期金利変動に伴う資本移動が、為替レート変動を引き起こしている側面が強いのだと考えられる。

この結果として、米国長期金利変動とドル円レート変動の極めて強い連動関係が観測されているのだと考えられる。

第三の要因は政策スタンスだが、決定的な重要性を保持しているのは、米国政府の為替政策スタンスである。２０１７年のドル円レート変動は、基本的には米国長期金利変動への連動であるが、年前半においては、緩やかな円高傾向が強く観察されている、
その背景にあるのは、トランプ大統領の円高誘導＝ドル安誘導発言だ。トランプ大統領は米国の貿易赤字を問題にしており、この観点から、他国の自国通貨安政策を許さない姿勢が顕著である。

２０１７年11月にトランプ大統領が来日するが、これに連動する円高圧力浮上には警戒が必要であると考える。

ユーロ円（直近5年）

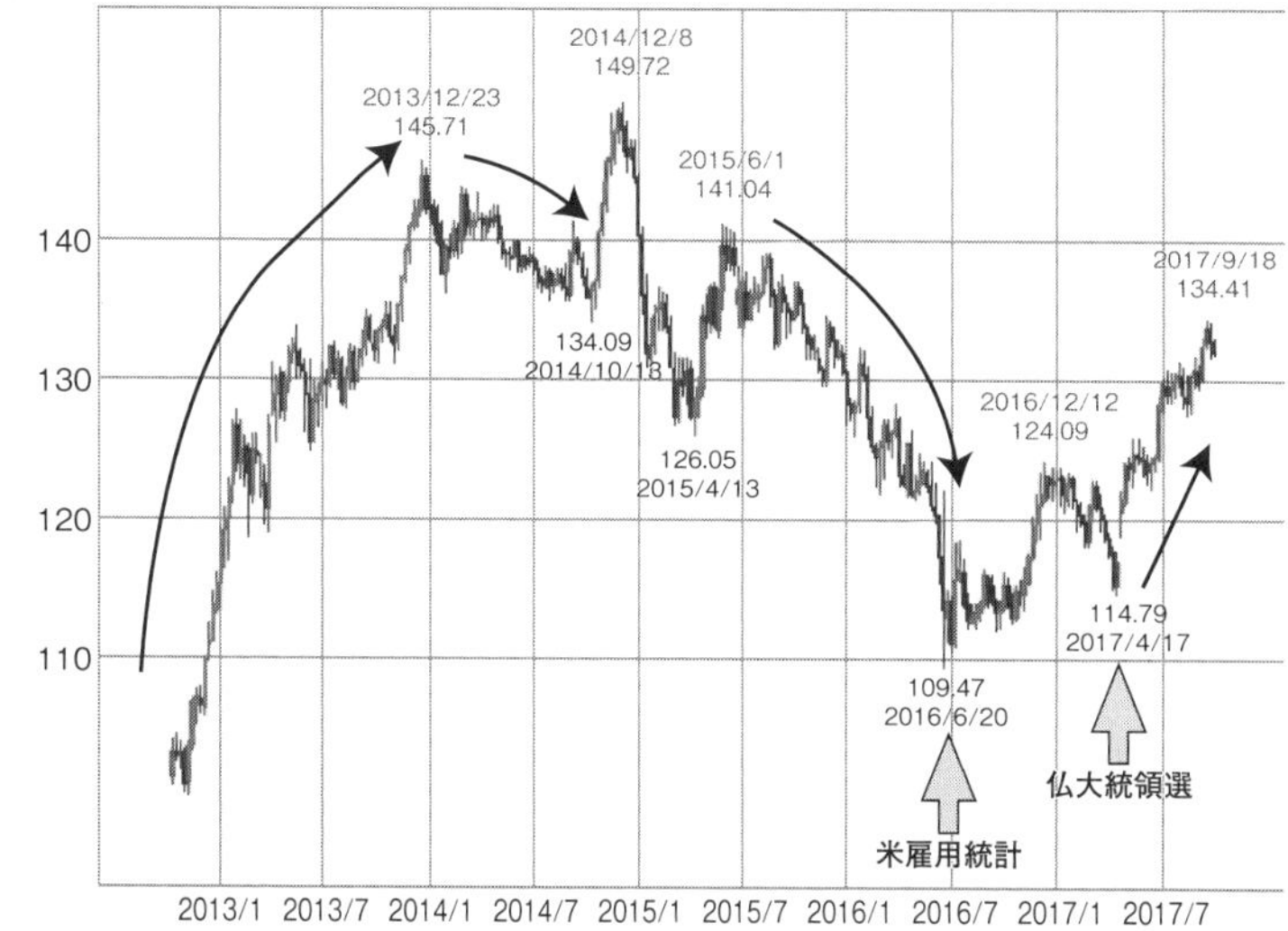

行き過ぎた円安

直近10年間の米国長期金利変動とドル円変動を比較すると、２０１４年から２０１５年にかけて、米国の長期金利が低下したのにドル高＝円安に推移したことが分かる。この時期を除けば、ドル円変動は基本的に米国長期金利変動に連動している。

２０１４年秋から２０１５年央にかけて、日銀が強引な量的金融緩和政策を展開して、無理やりドル高＝円安を誘導した面が強い。そして、この時期は、米国の利上げ観測が底流に流れ続けた時期であった。このことから、やや変則的な円安＝ドル高が発生したと評価することができる。その結果として、現在、日本円はやや過小評価、すなわち、本来ある

米国10年国債利回り（直近10年）

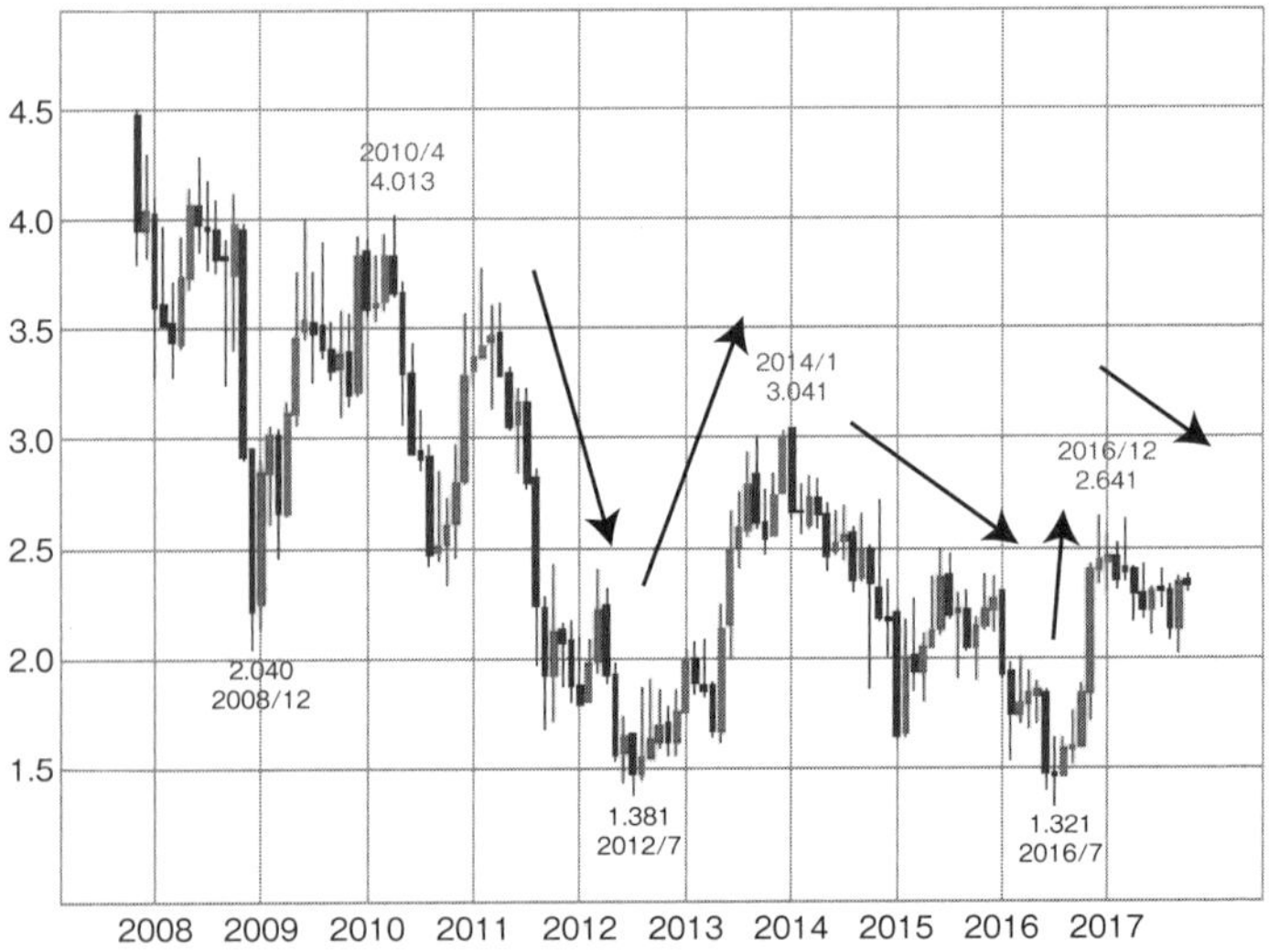

ドル円（直近10年）

べき水準よりは、円安に振れていると考えられる。

２０１８年には、その影響で円高に推移する可能性があるものの、米国の金融引き締め政策が加速することがあれば、ドル高にもなりやすく、両者の綱引き相場になることが想定される

日本円の対欧州通貨レート変動においては、２０１７年６月のドラギ発言以降、ユーロの強含み推移が観測されている。ＥＣＢは今後、量的金融政策の縮小に着手し、その先には、金利引き上げ政策着手を想定していると考えられる。欧州通貨の強含みの基調が継続する可能性が高まっている。

第9章　２０１７年金融変動の真相

相場下落局面での洞察力

２０１７年の年次版ＴＲＩレポート『反グローバリズム旋風で世界はこうなる』も、会員制ＴＲＩレポート＝『金利・為替・株価特報』も、日経平均株価、ニューヨークダウの上昇傾向持続という根幹部分において、現実を的確に予測してきた。

この２０１７年変動を検証することにより、金融市場の変動メカニズムをより明確に理解し、先行きの的確な予測形成に役立てることができる。再論になるが改めて整理しておきたい。

日経平均株価は２０１６年11月9日に１万６１１１円のザラバ安値を記録した。米国大統領選挙の投票結果が明らかになったその日に、日経平均株価が安値を記録したのである。

この株価が12月21日に１万９５９２円の高値を記録した。１カ月半足らずで20％以上の株価急騰を演じた。しかしながら、日経平均株価は12月から本年２０１７年3月にかけて、約３カ月、膠着状態を続けた。1万9000円から1万9500円を軸とするボックス相場を演じたのである。

2016年11月から12月にかけて、トランプ政権誕生に対する「夢」が買われた。トランプ政権が打ち出すであろう、米国経済の成長率を高める政策パッケージ＝成長政策に対する期待が、米国金利に影響を与え、ドル円レートに影響を与えた。そして、日経平均株価にも影響を与えたのである。このメカニズムについては前章に詳述した。

この株価上昇が12月中旬で終了した直接の理由は、12月14日にFRBが利上げを決定したことにある。FRBは2015年12月に第1回の利上げを実施した。それから1年ぶりとなる利上げが2016年12月に決定、実施された。これをもって、日本株価の上昇がいったん中断した。そして3月まで約3カ月間の膠着相場を演じたのだ。

その株価が次に迎えた局面は、2017年4月にかけての調整局面であった。日経平均株価は3月2日の1万9668円から4月17日の1万8224円へと下落した。2017年4月のリスクオフ相場である。

2017年4月のリスクオフ相場が発生した理由は3つある。

第一は、北朝鮮リスクの浮上である。

4月6日、トランプ大統領はシリアでの米軍による攻撃を命じた。中国の習近平国家主席が米国を訪問中の行動であった。さらに、シリアに対し軍事行動に着手したことが、別の緊迫情勢を連想させた。米軍による対北朝鮮攻撃である。

これを最も大々的にアピールしたのは日本政府である。韓国市場においては2017年4月の北朝鮮リスクが、実はあまり強く意識されていない。日本で「演出」されたリスクであったとの見方もできる。

第二の理由は、欧州政治情勢に対する警戒感である。

4月23日にフランス大統領選挙の第1回投票が行われた。この選挙に向けて5人の有力候補者が立候補した。フランスの大統領選挙では、1回目の投票で単独過半数を獲得する候補者がいなければ、上位2者による決選投票が行われる。

5人の有力な候補者のなかに、抜きん出た存在はなかった。選挙戦終盤で脚光を浴びたのが、急進左派候補のジャン・リュック・メランション氏であった。社会党はフランソワ・オランド氏が再選を断念し、国民の支持を失っていった。ブルワ・アモン氏が出馬したが、支持率が低迷した。このなかで、革新的な政策方針を掲げるメランション氏が選挙戦終盤になって支持率を上げた。

他方、極右のマリーヌ・ルペン女史が決戦投票に勝ち残るとの見方も有力であった。本来の主力候補であった共和党のフランソワ・フィヨン氏は、大統領選挙直前に妻の公的資金不正流用問題が取り沙汰されて、支持を下げていた。新星として登場した中道候補のエマニュエル・マクロン氏の支持が伸びていたが、4月23日の第1回投票で誰が決選投票に勝ち残るのか、先の読めない情勢が続いた。

仮に第1回投票で極右候補のルペン氏と急進左派候補のメランション氏が勝ち残る場合、そのいずれかが、フランス大統領に就任することになる。この両者は、ともに、ユーロに対して否定的であり、英国に続き、フランスもユーロからの離脱を決定する可能性が高くなる。

フランスがユーロから離脱すれば、事実上、ユーロが崩壊し、EUそのものが瓦解することになる。そのリスクが4月にかけて強く警戒された。

さらにもう一つの理由は、米国FRBによる金融引き締め加速の懸念であった。

FRBは2015年12月に利上げに着手した。第2回目の利上げは2016年12月であった。1年間の間隔をあけて、2度目の利上げが実施されたのだ。しかし2017年前半は、様相が完全に変化した。2015年12月、16年12月に続き、FRBは3月に3回目の利上げを行い、さらに、6月に4回目の利上げを実施した。2016年12月以降は、3カ月ごとの利上げ実施という現実が表面化した。

2017年前半に広がった第3のリスクは、FRBの金融引き締め加速に対する警戒感である。これが新興国、資源国、そして資源価格に大きな影を落とした。

2017年4月から6月にかけて、世界経済暗転のリスクが取り沙汰され、2017年4月にリスクオフ相場が形成されたのである。ドル円レートも3月10日の115・5円／ドルから、4月17日の108・1円／ドルにドルが下落した。相場変調の空気が金融市場全体に広がった。

このなかでTRIレポートは2017年4月17日号レポートに、「当面はリスクへの備えが重要であるが、基本観としては、4月から5月にかけて、不安のピークを形成していく可能性が高いと見ておくべきではないかと思われる」「リスクオフシフトの動きのピークを慎重に狙う〈逆張り〉発想が重要に」と記述した。

果たして、日経平均株価は4月17日の1万8224円から5月初旬には2万円へと一気に1800円の急騰を演じた。これが2017年相場の第一の収穫期になった。

的確な経済金融予測がハイリターンの源泉

北朝鮮情勢をどのように見るのかは極めて重要な点だが、簡単に偶発事態は発生しない。偶然と偶然が重なり、不測の事態が発生することを完全否定できないが、米朝両首脳が合理的な判断を示すなら、軽率に軍事行動には踏み切れない。日経平均株価は4月18日を境にリスクオフのピークを越えた。

北朝鮮情勢が緊迫化したという大義名分のもとに、日本の自衛隊が米艦警護を実行した。米国と安倍政権が連携して、集団的自衛権行使の実績作りを行ったと見ることができる。つまり、誰かが意図して演出した「北朝鮮リスク」であった疑いが強い。

金融市場の変動を大きく変えたのが、4月23日のフランス大統領選第1回投票だ。決選投票に駒を進めたのは、中道のマクロン候補と、極右のルペン候補だった。この瞬間に、5月7日の決戦投票におけるマクロン氏当選が確実視された。

マクロン氏はユーロ肯定論を示しており、金融市場のリスクオフはこの瞬間に解き放たれた。米国の金融引き締め加速懸念が後退するには、なお時間を要したが、金融市場はフランス大統領選に対する見方の変化を受けて、一気に緊張から脱したのである。

日経平均株価は、ついに2万円の大台を回復した。しかしながら、日経平均株価の上昇力は鈍いものに留まった。5月から8月にかけて日経平均株価は2万円を挟む、極めて小刻みな変動に終始した。

再び3カ月間の膠着相場が示現した。その膠着相場が変化したのが、8月8日である。同日、米国のトランプ大統領が、核ミサイル開発を加速する北朝鮮が今後も挑発を続ける場合、「世界がこれまで見たことのないような、砲火と激烈な怒りに直面することになるだろう」との警告を発した。

これに対応して北朝鮮の人民軍戦略軍報道官が8月9日朝に声明を発表した。グアム基地から飛行した米軍戦略爆撃機が朝鮮半島で訓練を行ったことを受けて、「新型の長距離弾道ミサイル火星12型でグアム周辺を包囲射撃する作戦を慎重に検討している」と表明したのである。

再び北朝鮮リスクが台頭した。韓国の株価指数であるＫＯＳＰＩ指数、及び韓国ウォンの対日本円レートの推移を見ると、4月リスクオフ相場においては韓国株価、そしてウォンがほとんど影響を受けなかったが、8月の再度の緊張の拡大局面では、韓国株価が下落し、ウォンの一定の下落が観測されている。4月に比べれば8月リスクは、やや重大に受け止められたと見ることができる。

さらに米国では、8月12日に東部バージニア州シャーロッツビルで発生した白人至上主義グループと、これに反対する市民派の激しい衝突において死者が発生した。この事態に対するトランプ大統領のコメントに批判が集中した。大統領を支える経済人の多数もトランプ大統領を批判し、トランプ政権の体制がさらに弱体化するとの見方が広がった。

こうした情勢を背景に日経平均株価は9月6日に1万9254円へと下落。約1000円の幅での調整を演じた。しかしながら、この局面においてもTRIレポート＝『金利・為替・株価特報』は、大型調整、そしてトレンドの転換の可能性が低いとの見解を示した。

北朝鮮リスクが巨大有事に発展する可能性は限定的であること、そして米国のトランプ体制の揺らぎは、メディア攻撃により拡大している印象を与えられているが、実態としてはトランプ政権の体制が徐々に安定感を生み出す構造変化を示していることを重視した。

現実に、その後、ニューヨークダウは反転上昇し、2万3000ドルを突破して、史上最高値を更新し続けている。日経平均株価も9月下旬には2万円の大台を回復し、10月総選挙の実施が決定されたことに連動して、10月27日には終値で2万2000円を超えて、21年ぶりの高値水準を記録した。

２０１７年を通じて喧伝され続けた米国株価バブルの崩壊、日本株価の急落、そして中国経済の崩壊などの悲観論は、これまでのところ現実の推移によって否定されている。

新興国、資源国は2月から6月にかけての調整を経たのちに、緩やかな回復傾向を示し、中国市場も安定的な推移を維持している。市場の多数派が提示した情勢とは、まったく異なる現実が示現している。

資産防衛を図る、そして優良な投資パフォーマンスを生み出すためには、第一に、的確なマクロ経済金融見通しと、それに基づく基本戦略の構築が必須の条件になる。

金融市場の専門家も、実は的確な予測を示し得ていない。的確な予測を示すことができなければ、その予測に基づく投資戦略も有効な成果を挙げられない。

ＡＩの進化が予想されるが、金融変動の的確な予測能力構築には、なおかなりの時間を要することになるだろう。

株式投資のチャンスは限られている

２０１６年12月中旬から２０１７年3月中旬までは、1万９５００円を挟むボックス相場、２０１７年5月初旬から8月初旬にかけては、2万円を挟んだボックス相場が続いた。この膠着相場の前後に、２０１６年11月、２０１７年３月から４月、そして８月から９月に調整局面があり、この調整局面を「チャンス」と判断して「逆張り」で対応した投資家だけが、高い投資リターンを確保した。

４月の調整には、３つの背景があったと記述した。フランス政変のリスク、北朝鮮の波乱リスク、そして、ＦＲＢの金融引き締め加速リスクである。しかし、４月23日のフランス大統領選第１回投票の直前に、マクロン候補の勝ち残りが確実視されたことで、リスクオフが解き放たれた。

ＴＲＩレポート＝『金利・為替・株価特報』では、４月リスクオフ相場において、下落局面は投資チャンスになるとの見解を明記した。そして、現実はその通りになった。

これと、類似した調整局面が８月から９月に観察された。ＴＲＩレポートは「調整期間１カ月」と予測したが、実際に８月８日から９月９日の調整を経て、日経平均株価が急反発した。10月にかけての「政局相場」は大型相場になった。

２０１７年３月から６月まで、３つの重要な変化

２０１７年春に３つの重要な変化が観察された。

第一は、韓国政治情勢の変化だ。

２０１７年3月、韓国の朴槿恵《パククネ》大統領が弾劾裁判で罷免された。韓国政治史上、初めての大統領弾劾罷免になった。後継の大統領には革新派の文在寅《ムンジェイン》氏が就任した。文在寅氏の両親は脱北避難民であり、このことから、文在寅大統領は北朝鮮との融和を強く求めていると推察される。

韓国の政治状況は１９８８年以降、10年ごとに親米保守政権と革新政権が入れ替わる流れを踏んできている。１９８８年の盧泰愚《ノテウ》政権と93年の金泳三《キムヨンサム》政権、ならびに２００８年の李明博《イミョンバク》政権と２０１３年の朴槿恵が、いずれも親米保守政権であったのに対し、１９９８年の金大中《キムデジュン》政権、２００３年の盧武鉉《ノムヒョン》政権、そして今回の文在寅政権が革新政権である。

２００３年に政権を樹立した盧武鉉大統領が、文在寅大統領の師匠にあたる。日本では、保守政権と革新政権との間での政権交代が生じる状況が生まれていないが、韓国では保守親米と革新政権が10年周期で政権交代を実現している。主権者の選択による、理想的な政権交代の一つの類型と言える。

北朝鮮リスクが日本ではかまびすしく騒がれたが、韓国ではどうだったのか。韓国の株価指数ＫＯＳＰＩは4月にわずかな相場下落を示したが、4月18日を境に反発に転じた。北朝鮮リスクではなく、欧州リスクにわずかに反応しただけで、韓国市場は北朝鮮リスクをほとんど受け止めていなかったと見られる。そして、株価は史上最高値へ急騰した。

これに対して、8月から9月リスクは、やや深刻に受け止められた形跡が観察されるが、そ

韓国株価指数（直近3年）

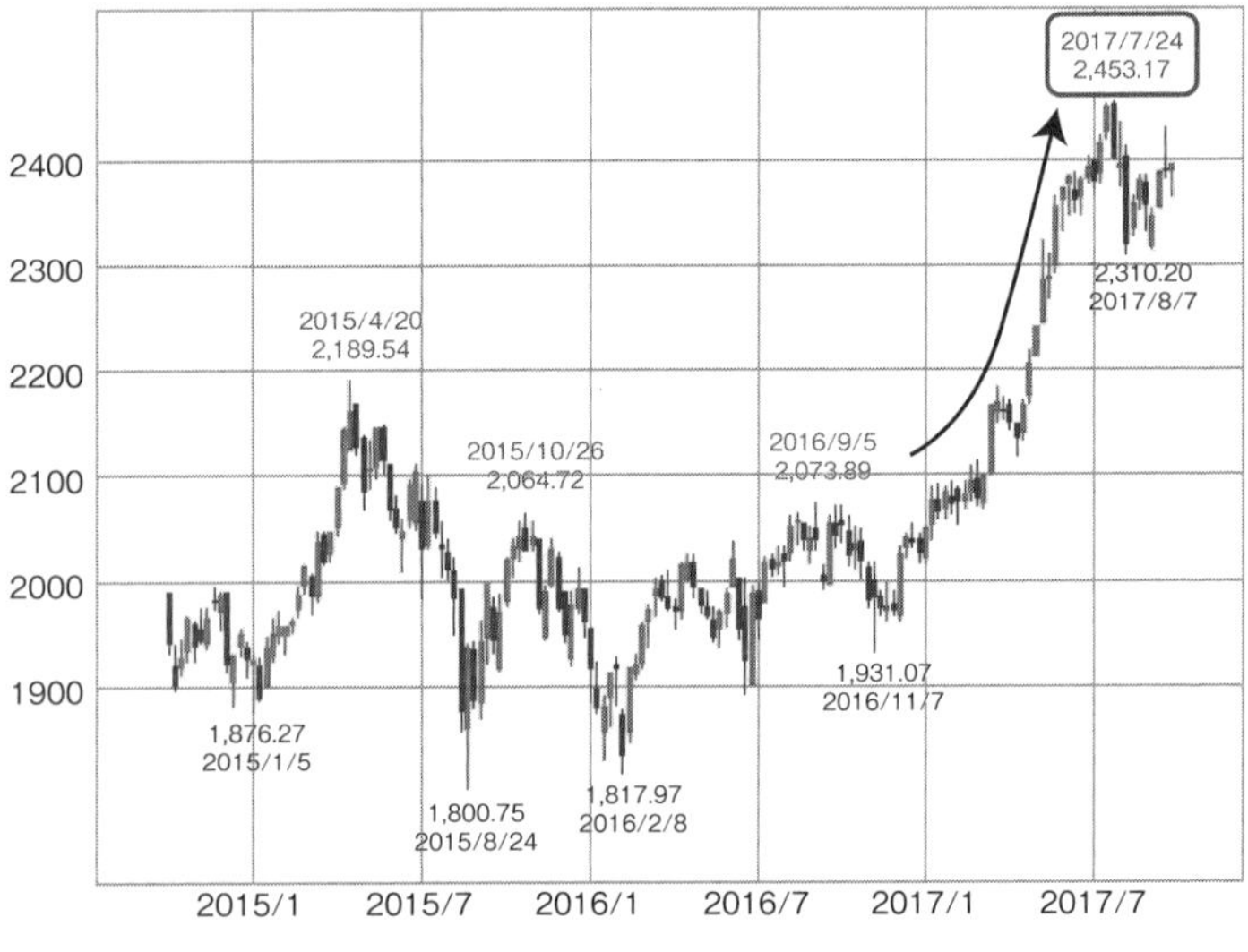

ウォン円（直近3年）

れでも9月9日以降は株価が急反発して北朝鮮リスクが完全に払拭されたとの市場反応を示している。

日本のメディアが伝える北朝鮮リスクと明白な温度差がある。日本における北朝鮮リスクの煽りは、憲法改正、集団的自衛権行使などの政治的背景によっている面が強いと思われる。

第二の重要変化は、ＥＣＢのスタンス修正だ。欧州の金融政策の方向転換が示唆されている。欧州株価は、この変化を反映していったんは下落した。しかし、金融引き締めによる景気後退が直ちに顕在化するわけではなく、株価はすぐに反発して高値を更新した。株価の本格的調整局面はまだ先のことのようだ。その調整が、２０１８年に顕在化するのかどうか。ここが今後の焦点になる。

第三の変化が新興国、資源国、資源価格の調整である。

新興国、資源国、資源価格に変化が生じた理由は、ＦＲＢの政策スタンス変化だった。アメリカの利上げが加速すると、世界のマネーフローが金利の力でドルに吸い寄せられてしまう。これが、新興国や資源国を沈める原因になる。

ところがＦＲＢの引き締め政策中断ということになれば、これは安心だということで、新興国、資源国が反発できる。このような変化が生じたものと理解できる。ただし、その先には「禍福はあざなえる縄のごとし」の現実が待ち受けることになる。

第10章　アベノミクスとの向き合い方

実は民主党政権より低い経済成長率

2012年12月に第2次安倍政権が発足して以来、5年の時間が経過している。2012年11月14日の党首討論において、当時の首相・野田佳彦氏が衆議院解散を宣言した。この瞬間から日本株価の急騰が始動した。2012年11月14日の日経平均株価終値は、8664円であった。これが翌2013年5月22日には、1万5627円へと急騰した。わずか半年で80％の株価急騰が発生したのである。さらに、2015年6月には2万868円の高値を記録した。株価は2倍以上の水準に跳ね上がったのである。

一方、主要国の株価指数は2009年3月9日、10日にサブプライム金融危機に伴う最安値を記録した。それから8年半の時間が経過しているが、主要国のすべてにおいて株価の急騰が観察されている。

しかしながら、既述したように日本の株価だけは例外的な推移を示した。2010年から2012年にかけての3年間、日経平均株価は8000円から1万円という超低位の水準で推移を続けた。日本の株価だけが他の主要国から取り残され、超停滞の3年間を経過したのである。

この株価が2012年11月14日の党首討論を境に急騰に転じた。野田民主党は2009年の総選挙の際の公約を一方的に破棄し、消費税大増税を法定化する行動に突き進んだ。その結果として、野田民主党は主権者の支持を完全に失った。この状況下で、野田佳彦氏が衆議院解散を宣言した。民主党の大惨敗は必至だった。

この解散は「自爆テロ解散」と呼ばれているが、この表現は不正確だ。自爆テロ解散でなく、単なる「自爆解散」だった。自爆テロの場合は敵に大きなダメージを与えるが、野田氏の選択は単に民主党が自滅の道を選ぶという意味での自爆解散だった。

2010年から2012年にかけて、日経平均株価は他の主要国から取り残されるかたちで超低迷を続けた。主因は、2010年から11年にかけて政権を担った菅直人氏、そして11年から12年に政権を担った野田佳彦氏が、揃って財務省主導の超緊縮財政運営を実行したことにある。

2012年12月の総選挙で野田民主党が大惨敗し、政権は野党第一党、自民党総裁に返り咲いた安倍晋三氏の手に渡る。安倍晋三氏は、財政政策転換、そして金融緩和政策強化の方針を打ち出していた。日本の株式市場は野田佳彦氏が衆議院解散を宣言したその瞬間から、12月総選挙を経て政権交代が生じることを織り込み始めた。そして、新たに政権に返り咲く安倍政権が金融緩和政策を推進。為替市場において円安が進行し、連動して日本株価が上昇する可能性を織り込み始めた。

この株価上昇のイメージが強く、安倍政権の経済政策が成功したような印象が持たれているが、その理解は正しくない。

野田政権が終焉し、安倍政権が発足したことにより、経済政策が大転換されたことは事実である。経済が改善し、株価が大幅に上昇したことも事実だ。為替市場ではドル円レートが大幅に円安方向に振れた。つまり、経済改善、円安進行、株価上昇という事実が存在したことはその通りである。株価が上昇すれば経済の空気が好転する。メディアは、これをアベノミクスの成果とはやし立てた。

しかしながら一方で、日本経済が全体として2012年12月以降、順調な軌道を歩んできたのかどうか。いい加減な判断は禁物だ。。経済全体のパフォーマンスを示す最重要の経済指標は、実質経済成長率である。経済活動の規模がどの程度拡大したのか、あるいは縮小したのかを示す経済指標である。

GDP成長率は四半期ごとに統計数値が発表される。その四半期ごとの実質経済成長率の年率換算値推移を確認すると、意外な事実が浮かび上がる。2009年から2012年にかけて

民主党政権時より低い実質GDP成長率（年率）

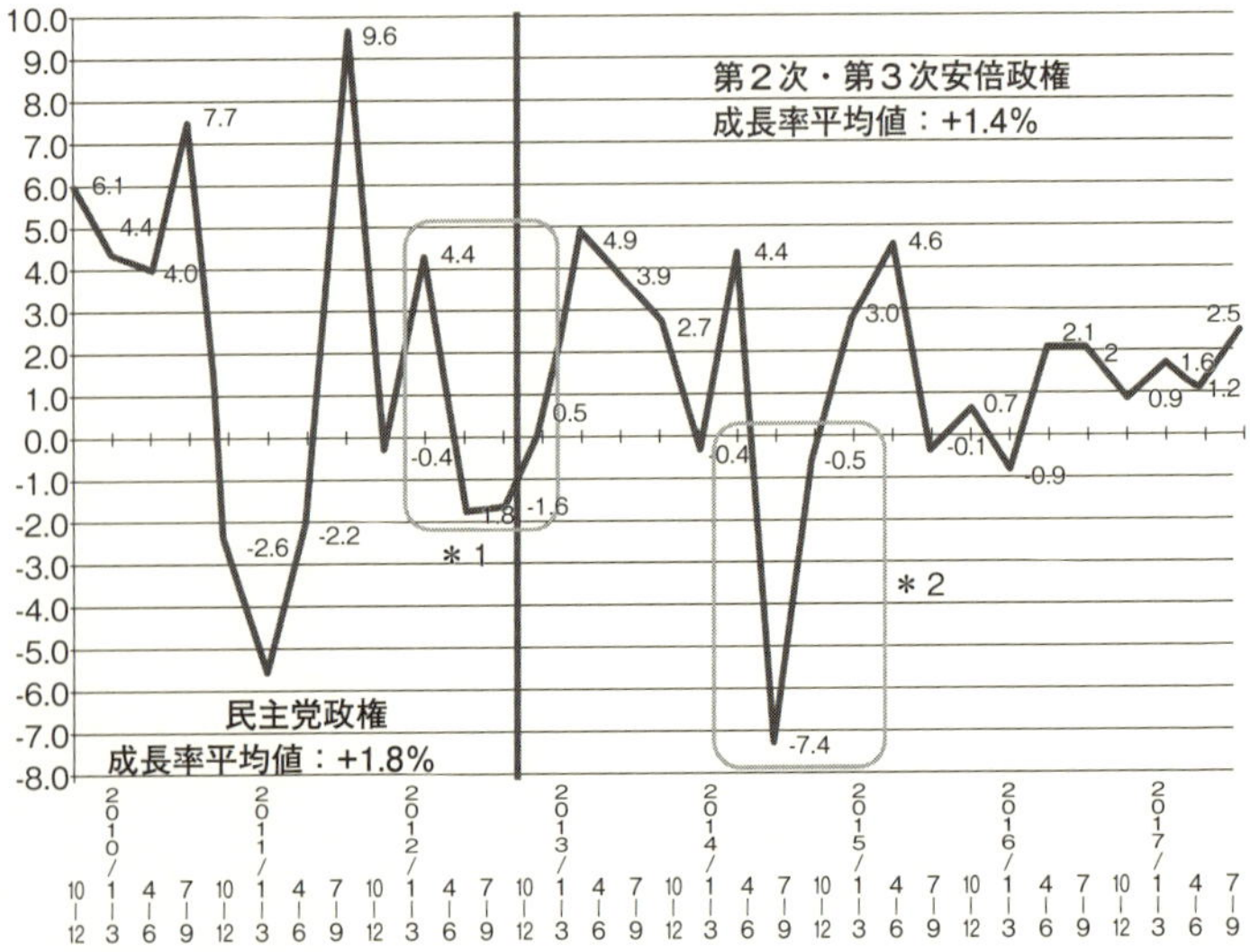

存続した民主党政権下の年率実質経済成長率の単純平均値はプラス1・8％である。これに対し、2012年12月に発足した第2次安倍政権以降の実質経済成長率の平均値はプラス1・4％にとどまっている。

2009年から2012年にかけての民主党政権時代の日本経済は、文字通りパッとしないものだった。民主党政権が発足した当初の鳩山由紀夫政権の時代のみ、やや高めの経済成長が実現し、実質賃金も増加したが、2010年6月に鳩山政権が終焉して以降は、日本経済が超停滞の冬の時代を迎えたのである。この間に2011年3月11日の東日本大震災および東京電力福島第一原子力発電所重大過酷事故が発生した。日本経済は2010年から12年12月の政権交代まで、超低迷の時期を経過したのである。

ところが、この民主党時代の経済成長率平均値よりも、2012年12月の第2次安倍政権以降下での経済成長率が低い。株価上昇やアベノミクスという言葉と裏腹に、日本経済全体のパフォーマンスは、むしろ悪化している。

実質賃金5%ダウンと「いざなぎ超え」のウソ

一般の国民生活者、消費者、そして労働者にとって、もっとも重要な経済変数は、一人当たりの実質賃金である。厚生労働省が公表している毎月勤労統計に、労働者一人当たりの実質賃金指数がある。従業員5人以上の企業の、固定給だけでなく、残業代、ボーナスをすべて含む「現金給与総額」を指数にしたものが発表されている。

この実質賃金指数の推移を見ると、民主党政権時代はほぼ横ばいの推移を示したことが分かる。政権発足当初、鳩山由紀夫政権時代には実質賃金が上昇している。しかし、菅直人政権下、野田佳彦政権下では、実質賃金指数の緩やかな低下が生じた。全体として民主党政権時代には実質賃金水準がほぼ横ばいで推移した。

これに対して、2012年12月の第2次安倍政権発足以後の実質賃金は、驚くなかれ、約5%の大幅減少を示している。年収200万円の所得が、年収190万円に減少したことになる。

実質賃金指数（季節調整済）の推移

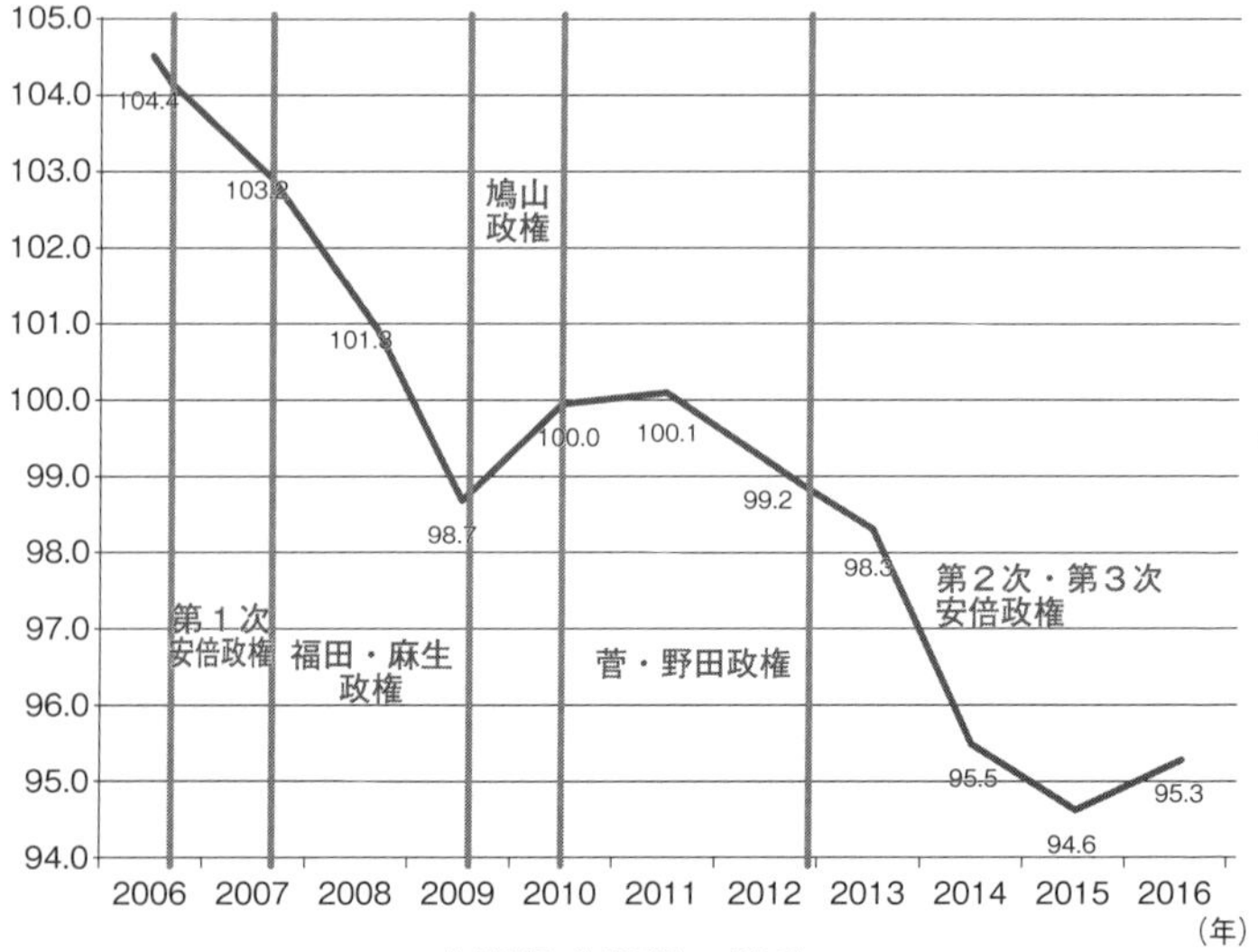

実質賃金指数の推移

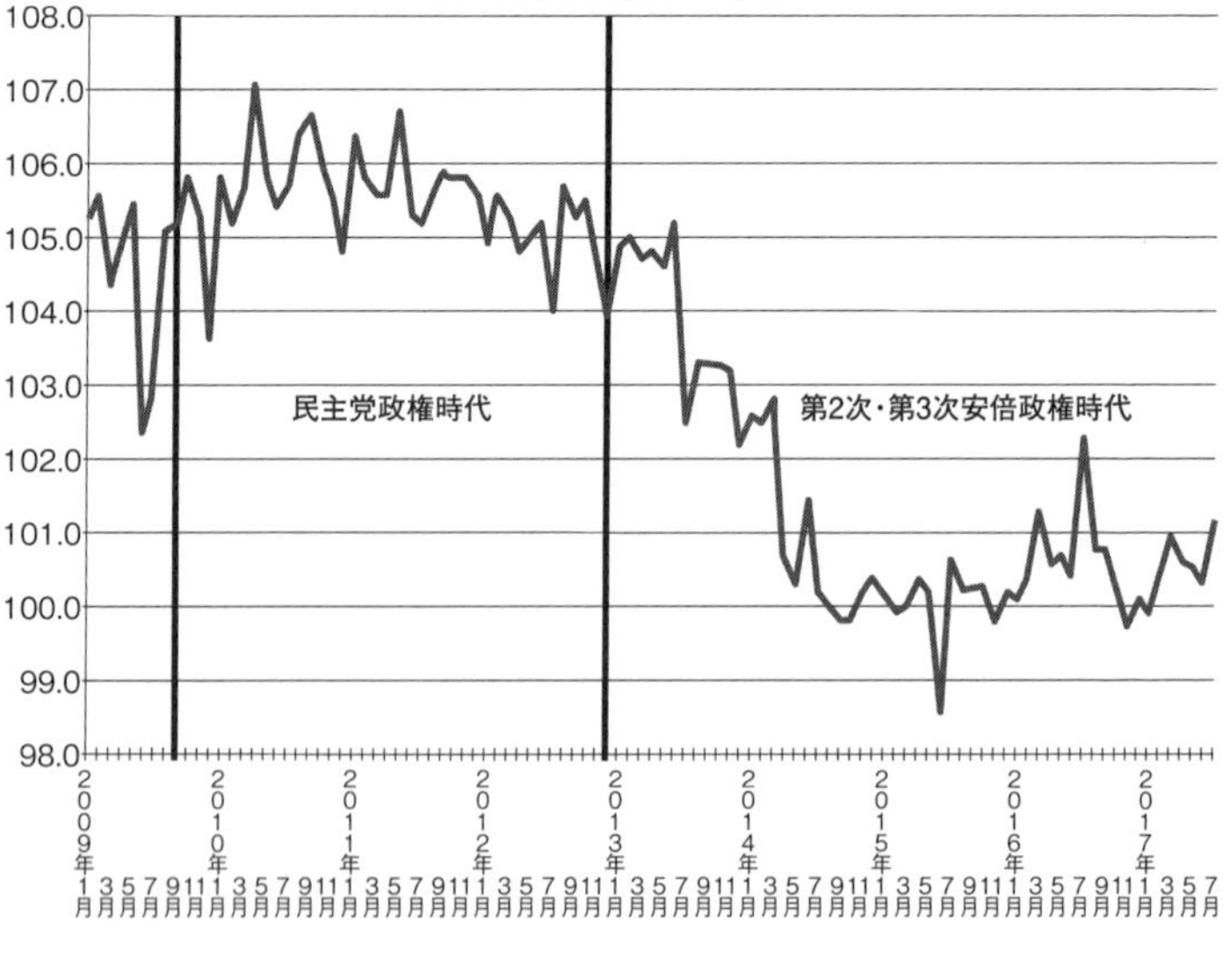

この5％減少は、所得の少ない個人にとっては極めて重大な死活問題だ。

民主党政権時代の日本経済は極めて暗い推移を続けたイメージが持たれているが、経済指標を確認すると、第2次安倍政権発足以降の日本経済のほうが、はるかに深刻なパフォーマンスを示している。

その一方で、株価は8600円水準から2万円を突破する水準へ急騰を演じた。つまり、この間の日本経済のパフォーマンスは、どこに焦点を当てるかによって様相を大きく異にしている。

2017年9月に、安倍政権は日本経済の回復拡大持続期間が58カ月に達し1965年から1970年にかけて発生した「いざなぎ景気」を、その景気拡大の期間において上回ったと公表した。

これを政府の御用報道機関に成り下がっているNHKなどが、「いざなぎ超え」の言葉で表現している。しかしながら、日本経済の活動を正確に観察するならば、58カ月拡大持続という政府の公式発表が虚偽であることが判明する。日本経済は、景気回復拡大を58カ月も持続してはいない。

日本経済は2014年1-3月期から2014年7-9月期までの3四半期連続で、マイナスの実質成長率を記録した。米国の定義では、実質GDP成長率が2四半期連続でマイナスを記録すると、「リセッション＝景気後退」と認定される。2014年の日本では、実に3四半期

鉱工業生産指数の推移

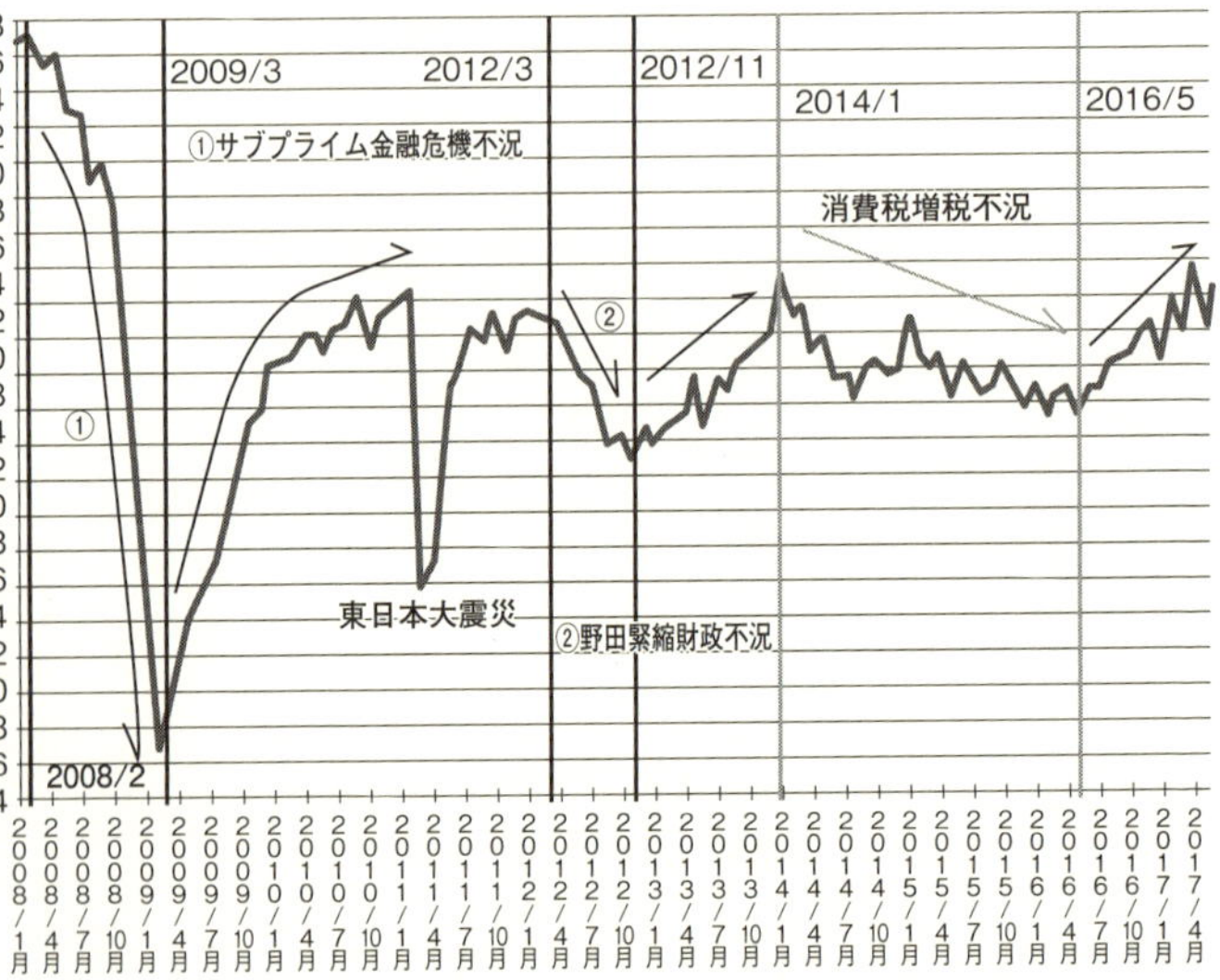

連続のマイナス成長が観測されており、正真正銘の景気後退局面に突入したことが分かる。

２０１４年４月に、消費税率が５％から８％に引き上げられた。この消費税増税により日本経済は景気後退局面に転落した。生産活動の浮き沈みを最も分かりやすく表示するのが、鉱工業生産指数である。

鉱工業生産指数の推移を見ると、２０１４年１月から２０１６年５月にかけての２年半にわたって、生産水準の低下が観察されている。つまり２０１４年１月から２０１６年５月にかけて、日本経済は景気後退局面を経過しているのである。前半は消費税増税による景気後退であり、後半は円高進行に伴う景気後退

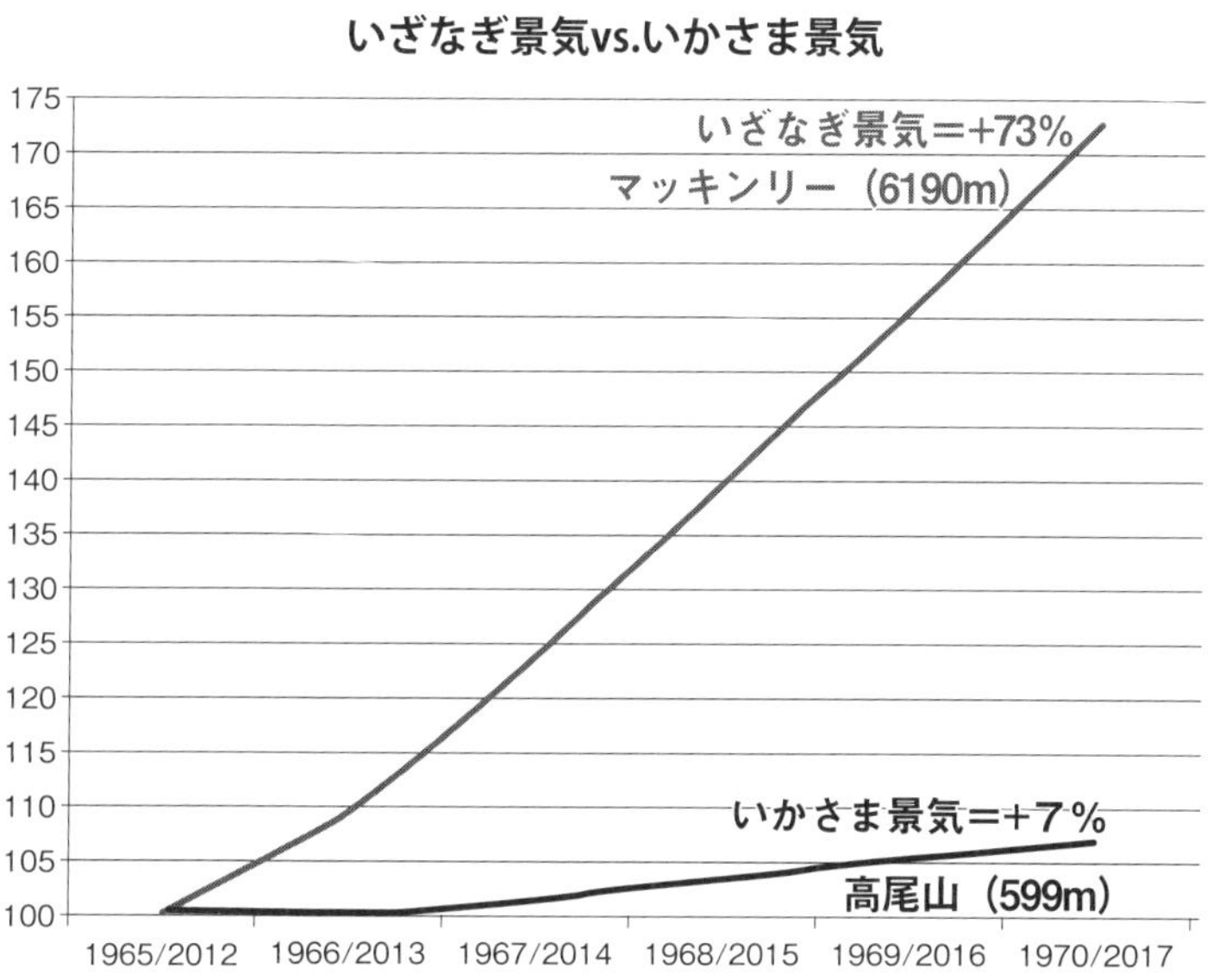

局面だった。

生産活動の底は２０１６年５月で、２０１７年９月まで回復傾向が持続したとしても、回復持続期間は16カ月にすぎない。58カ月拡大持続という発表は、まさに〝大本営発表〟で、事実ではない。

また、１９６５年から１９７０年にかけてのいざなぎ景気では、日本の実質ＧＤＰが累計で約73％増大した。これに対し２０１２年から２０１７年にかけての日本の実質ＧＤＰ増加は、わずか７％に留まっている。北米大陸最高峰マッキンリーと高尾山の相違が存在する。

景気拡大の規模を無視して、単に期間だけを比較して「いざなぎ超え」と表現するのは、あまりにもミスリーディングだ。しかも、その58カ月のうち中間の32

カ月は、実際には景気後退局面だったのだ。極めて悪質な虚偽情報が流布されている。

拡大したのは大企業の利益だけ

しかしながら、日本経済のすべての指標が悪化したわけではない。失業率は低下し、有効求人倍率は上昇した。つまり、就業人口は増加した。安倍首相はアベノミクスが成功した根拠として常に失業率低下、有効求人倍率上昇を挙げているが、それが本当に経済の好調さを示すものであるのかどうか、慎重な吟味が必要だ。日本経済全体のパフォーマンスを示す実質GDP成長率は、民主党時代よりも大きく劣っている。そして、労働者一人一人の生活に直結する実質賃金は5%も減少しているのである。

つまり、日本経済全体が低迷を続け、とりわけ労働者の懐に入る賃金所得が大幅に減少し、その一方で、働く人数だけが増えたということだ。この労働者の生活困窮の背景に、企業収益拡大がある。

法人企業統計をもとに法人企業の税引き前当期純利益の推移を見ると、2007年から2009年にかけてのサブプライム金融危機において利益水準が激減したが、その後に急拡大した。とりわけ2013年に企業収益が急増して過去最高水準を更新した。

このなかで企業収益拡大の恩恵を一手に受けてきたのが、一握りの大企業である。日本の株

法人企業税引き前利益の推移

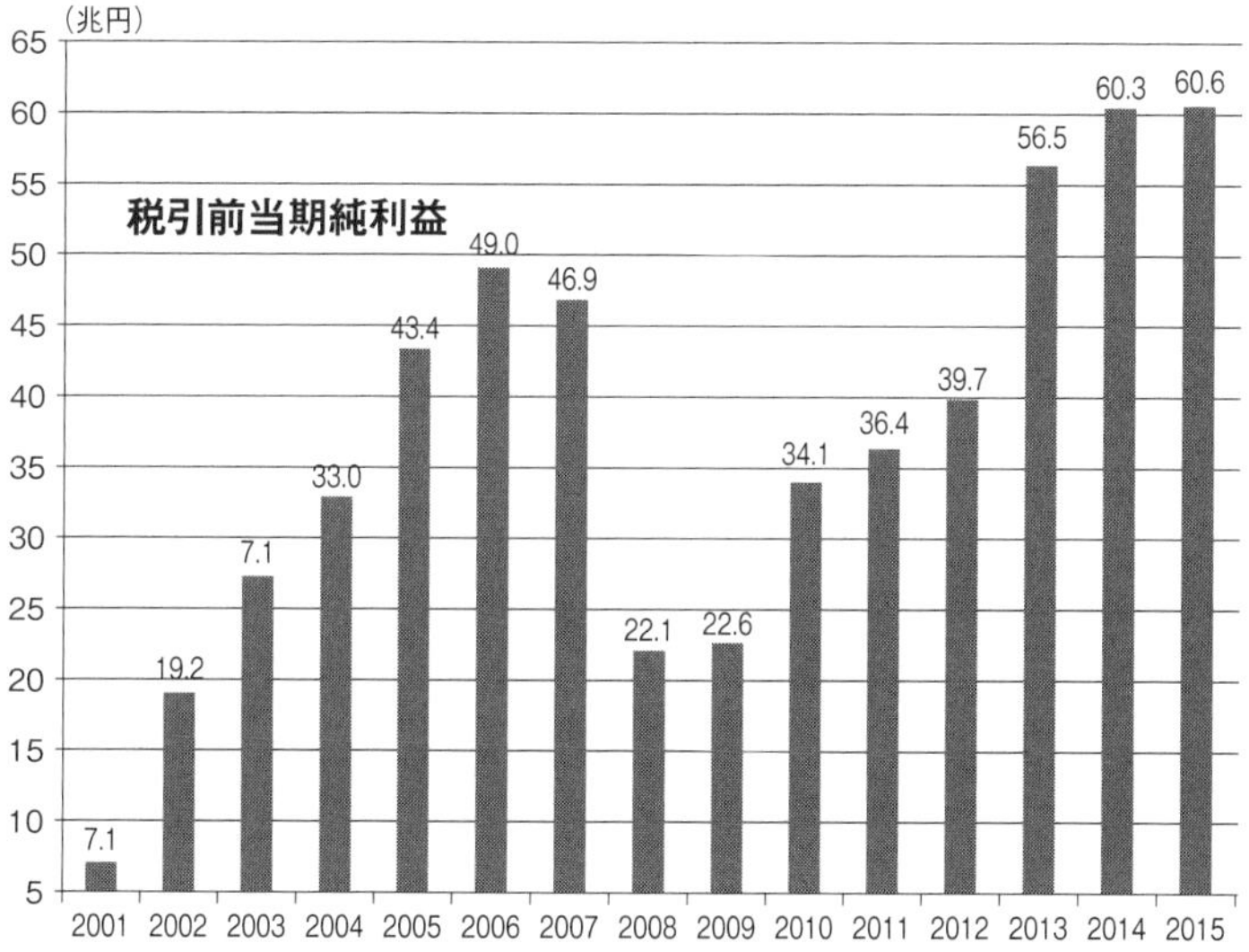

価指数は大幅に上昇したが、東証一部上場企業数は２０００社を下回る。すべての上場企業数でも４０００社に届かない。日本の法人企業数４０００万社の０・１％、あるいは０・05％の数の企業の収益が増えたにすぎないのである。

　経済全体が低迷するなかで、企業利益、とりわけ大企業の利益だけが突出して拡大した。生産の結果得られる果実のうち、大資本の取り分が拡大すれば、労働者に分配される所得が減少する。その大きく減少した分配所得を分けあう人数、就業者数だけが増えた。当然の結果として、労働者一人当たりの実質所得が、この間に５％も減少したのである。

　安倍政権は、２０１３年に日銀の幹部人事を刷新する際に、インフレ誘導の目標を明確に掲げた。しかし、インフレ誘導は成功しなかった。日銀副総裁に就任した岩田規久男氏は、2年後に消費者物価上昇率を2％水準にまで引き上げることに失敗した場合、日銀副総裁の職を辞して責任を明らかにする考えを示した。しかし、現実には日本の消費者物価指数は、2％水準に上昇しなかった。インフレ誘導は、結果として失敗に終わった。だが、岩田氏は辞任していない。

しかし、このインフレ誘導失敗が、日本の労働者にとって幸いした。第2次安倍政権が発足して以降、日本の労働者の一人当たり実質賃金が約5％減少した。そのなかで、2016年に限って、実質賃金指数が小幅プラスを記録した。その理由は、2016年に日本の消費者物価上昇率が再びマイナスに転落したことにある。

インフレ誘導は労働者にとってプラスであるどころか、完全な害悪である。このインフレ誘導に失敗し、2016年に日本の消費者物価上昇率がマイナスに転落したために、2016年に限って、実質賃金指数が小幅プラスを記録したのである。

名目GDPを減らしたのは誰か

インフレ誘導は国民にとって害悪の多い政策目標であることが分かる。しかし、安倍首相は2017年10月の総選挙に際して、また辻褄の合わぬ自画自賛を展開した。日本の名目GDP

が拡大したことを、アベノミクスの成果だと主張したのである。

そもそも、名目GDPの増加をアピールすることが滑稽すぎる。

インフレ率が100%、実質経済成長率がマイナス50%の経済を考えればよく分かる。このとき、名目GDPはプラス50%だが、実質GDP成長率はマイナス50%だ。名目GDPが50%アップでも実質的に経済活動が50%ダウンなら、これを喜ぶ者はいない。100万円の所得が150万円になっても、物価が2倍になれば、実質所得は50%もダウンしてしまうのだ。

2016年に初めて実質所得がプラスに転じたのは、インフレ率がマイナスに転じたからだ。

また、安倍首相は街頭で、日本の名目GDPが「489兆円から537兆円に増えた」と叫んでいたが、これも自慢する話ではない。

2006年に530兆円だった名目GDPを、自民党政権が2009年に489兆円に減らした。これが2016年に537兆円に戻っただけのことなのだ。自公政権が激減させたGDPを元に戻しただけなのに、大成功のように自慢するのが「安倍流」である。

経済指標を精査すると、第2次安倍政権発足後の日本経済の姿が浮かび上がる。経済全体は、あのパッとしない民主党政権時代よりも悪かった。そのなかで、労働者の実質賃金が5%の大幅減少を示した。インフレ誘導に失敗し、日本経済が再びデフレに回帰した。しかし、そのデフレへの回帰によって、労働者の実質賃金が2016年に限って小幅プラスを記録した。これが、2012年12月の第2次安倍政権発足後の日本経済の実情である。

労働者の分配所得が減り、資本の分配所得が増える。つまり、企業収益だけが拡大した。これが、株価上昇を支える最大の背景になったのである。

消費税増税で日本経済撃墜ふたたび

また、安倍政権はアベノミクスと称していくつかの政策方針を示した。アベノミクス三本の矢と表現された政策パッケージである。

第一の矢は財政出動であり、第二の矢は金融緩和である。そして、第三の矢は成長政策だ。2013年は野田政権の超緊縮財政を修正し、積極的な財政運営政策を実施した。その結果、日本経済は改善を示し、株価も大幅に上昇した。しかし、この政策スタンスは2014年に激変した。2014年度に安倍政権は、消費税率を5％から8％へと引き上げる大増税を実施したのだ。その結果、日本経済は2014年に深刻な消費税大増税不況に突入した。

筆者は、2014年版TRIレポートのタイトルを『日本経済撃墜』とした。そしてこの予告通り、日本経済は2014年度に完全に撃墜されてしまった。アベノミクス三本の矢の第一の矢は、すでに2014年に真っ二つに折られてしまったわけである。

第二の金融緩和強化は、2012年秋以降に順次実施されていった。しかしながら、安倍政権が唱えていたインフレ誘導は実現しなかった。しかしその一方で、日本の金融緩和強化スタンスが為替市場に一定の影響を与えたことは事実と考えられる。

ドル円レートは2012年11月の1ドル78円水準から、2015年6月に1ドル125円水準へと円安に振れた。そしてこの円安に連動して発生したのが、日本株価の上昇だった。しかしながら、「満つれば欠く」のが金融変動の常である。

TRIレポート＝『金利・為替・株価特報』では、2015年6月10日に日銀の黒田東彦総裁が衆議院財務金融委員会で示した言葉を最重視して明記した。黒田氏は「これ以上の実質実効レートベースでの円安進行は、普通に考えればありそうにない」と発言した。円安進行を牽制したのである。

筆者は、この発言の裏側に米国政府による指令があったと洞察した。当時日米間でTPP協議が進行していた。米国議会が最も強い警告を発していたのが、TPPに参加する諸外国による自国通貨下落誘導の疑いだった。

この協議が佳境を迎えるなかで、為替市場で円安が進行することが米国議会におけるTPP反対を勢いづかせる要因になる。このために当時のオバマ政権が日本に対して、円安誘導中止の指令を下したのだと判断した。米国の政策スタンス変化は、為替レート変動に大きな影響を与える。

2015年6月を転換点に、一転して円高ドル安が進行した。2015年12月に米国FRB

が利上げを実施し、これが金利上昇要因の材料出尽くしとなり、米国長期金利が急低下したことも、大きな背景である。

高まる日銀の資産劣化リスク

日銀は量的緩和を持続し、日銀が保有する国債残高はすでに400兆円を突破している。諸外国と比較しても、あまりにも過大な資産保有残高に達している。何らかの要因で長期金利が上昇する、すなわち債券価格が急落すれば、日銀が巨額の含み損失を抱え込むことになる。そのことが、日銀の負債である通貨の価値を毀損させる。日本円の信用を、著しく低下させる要因になる懸念がある。

量的金融緩和の先頭を走ったのは米国である。2009年3月のサブプライム危機のピーク以降、量的金融緩和を大規模に実施した。二番手につけたのが2012年12月以降の日本である。そして2015年には欧州ECBが量的金融緩和に突き進んだ。

しかし、すでに潮流の転換が始動している。米国のバーナンキFRB議長（当時）は、2013年5月に量的金融緩和縮小を示唆した。「バーナンキショック」と呼ばれる動揺が金融市場に広がった。そして2015年12月には、FRBが利上げに踏み切り、さらに2017年10月から米国はFRBの資産規模を縮小するバランスシート縮小策に着手した。

このなかで、ＥＣＢのドラギ総裁が２０１７年6月27日にポルトガルにおけるＥＣＢフォーラムで、デフレからリフレへの環境変化を明言した。この環境認識を踏まえてＥＣＢは、すでに２０１７年10月以降、量的金融緩和の縮小に関する本格論議を始動させている。したがって、日銀の量的金融緩和政策着手、すなわち出口戦略の始動は、もはや時間の問題という段階にさしかかっている。この変化が、２０１８年リスクのもう一つの核心になってくる。

アベノミクスの本質は成長政策にあり

アベノミクス第三の柱は、成長戦略、成長政策であるが、その内容は5つの柱によって構成されている。農業自由化、医療自由化、労働規制撤廃、法人税減税、そして経済特区創設である。

農業自由化とは、日本農業の担い手をこれまでの農家から、株式会社に転換させることである。日本の農業を外国資本に開放し、外国資本が日本農業を支配する、そのための制度変更が推進されている。ＴＰＰは、まさにこの方向に向けての変化を加速させる最大の原動力として、安倍政権によって期待されているものだ。

医療自由化は、医療関連ＧＤＰを増大させる施策だが、他方において政府は社会保障支出の最大費目である医療費支出抑制の方針を明示している。医療のＧＤＰが拡大するのに、医療関連の政府支出を抑制する。このことが意味することは、公的支出によって賄われない医療支出増大を誘導するということだ。

この時発生する現象は、医療分野に重大な格差問題が埋め込まれることである。所得の少ない国民は、公的医療支出によってカバーされる医療行為しか受けることができない。公的支出によって賄われない高額医療を受けるためには、高い保険料の民間医療保険に加入することが必要になる。

その負担に耐えられるのは、限られた富裕層のみである。一握りの富裕層は、高額な民間医療保険に加入することにより、高額の、そして充分な医療を受けられることになる。だが、高額な民間医療保険の負担に耐えられない、所得の少ない国民は、病気になっても充分な最先端の医療を受けることはできず、これから確実に貧相になると予想される劣悪な公的医療だけしか受けられなくなるのである。

さらに、経済全体に最大の影響を与えると考えられるのが、労働規制の撤廃である。安倍内閣は「働き方改革」という表現を用いるが、唯一にして最大の目的は労働コストの削減である。労働コスト削減を後押しするために、すべての労働者を正規労働者から非正規労働者に転換させる政策が推進されている。

「同一労働同一賃金」の表現が用いられるが、非正規労働者の処遇を正規労働者の水準に高めるのではなく、正規労働者の処遇を引き下げて非正規労働者と同一の水準にする方向が模索されている。つまり、「一億総低賃金労働構造」を構築しようとしているのだ。

また、企業にとって労働コスト削減の大きな妨げになってきた解雇制限の撤廃も視野に入る。正当な事由がなければ、企業は雇用者を解雇できないが、一定の金銭的な補償により、いつでも自由自在に労働者の首を切ることができる「金銭解雇」の全面解禁が目指されている。

また、中間所得者層の労働コストを圧縮するために、いわゆる「ホワイトカラーエグゼンプション」と呼ばれる、出来高払い制賃金の導入が推進されている。これは、労働時間に比例した給与支払ではなく、労働生産物に対応する賃金支払制度への移行である。

過大なノルマが課されれば、労働者は身を粉にして仕事を家に持ち帰り、睡眠時間を削って仕事をすることになるが、その超過労働時間に対する賃金支払が行われなくなる。実質的な時間当たり賃金の大幅引き下げであると理解するべきだ。

さらに安倍政権が推進する外国人労働力の活用は、低賃金の外国人労働力を国内に持ち込むことにより、同種の労働に従事する日本人の賃金に、強い下方圧力を与えることを狙いとしている。

成長政策という言葉の聞こえは良いが、実質的な狙いは、農家の切り捨て、必要充分な医療提供の廃止、労働コストの削減ということなのである。

特区利権に群がるハイエナ

経済特区においては、森友学園や加計学園などの事例が、縁故主義に基づく利権政治そのものという情景を示している。竹中平蔵氏が関与する国家戦略特区において、たとえば兵庫県養父市では、株式会社による農地取得が認められたが、その事業主体はオリックス株式会社の子会社である。この諮問会議のメンバーである竹中平蔵氏は、そのオリックス株式会社の社外取締役の地位にある。

また、神奈川県などでは家事代行サービスの事業が認可されているが、その事業実施主体に株式会社パソナが起用されている。やはり、この議論を行っている議員である竹中平蔵氏は、株式会社パソナの会長職にある。まさに利権政治、縁故主義が跳梁跋扈《ちょうりょうばっこ》しているのが、この経済特区という、新しい利権政治の温床なのである。

P70でも述べたようにグローバリズムを筆者は、

・大資本の利益を極大化するために
・国境を超えて
・市場原理のみによって経済社会を動かす

ことを目指す運動と定義している。

安倍政権の経済政策は、この意味でまさにグローバリズムそのものであり、その短期的な結果として企業収益の拡大という現象が生まれてきた。

そして、その企業収益の増大が、株価を押し上げる最重要の原動力になってきた。したがって、アベノミクス＝安倍政権の成長戦略＝グローバリズムを推進する政策は、短期的には株価上昇要因になる。

しかしながら、この政策の延長上には悲惨な暗雲が垂れ込める。それは、経済を支える個人消費水準の趨勢的な低下、絶対的な需要不足＝供給力過剰による経済活動の破滅的な調整への帰着という問題だ。

一握りの資本家層に所得が集中しても、この階層の限界消費性向は著しく低い。限界消費性向とは、所得が1増えたとき、増えた所得の何％を消費に回すのかという数値だ。所得の少ない人は増えた所得の全額を消費に回すが、もともと所得の多い人はさらに所得が増えても、消費をまったく増やさない。つまり、所得が支出に回らないことになる。

所得分配において、富裕層への分配が過大になり、所得の少ない階層への分配が過小になると、分配所得の一部しか消費に回らないことになる。そのため、絶対的な需要不足の状態に陥ってしまう。

日本経済がいま直面している最大の問題は、個人消費の趨勢的な停滞である。個人消費の趨勢的停滞は、格差拡大推進の経済政策だけでなく、その一環としての消費税増税主義の税制政策にも大きな原因がある。

二重課税のご都合主義解釈

消費税増税について、人口高齢化、社会保障支出の増大、財政事情の深刻化を踏まえれば、消費税増税をやむを得ないことだと考える主権者が多い。しかし、これは主権者が官僚機構や政治権力に騙されているだけなのだ。

消費税は1989年度に導入されたが、1989年度の税収は54・9兆円だった。2016年度の国政収入は55・5兆円で、ほぼ同額である。

この27年間に起きた変化は、

・法人税が9兆円減り、
・所得税が4兆円減り
・消費税が14兆円増えた

だけであり、これ以外の何物でもない。

社会保障拡充のための消費税増税という話は完全なウソである。法人税と所得税の負担を激減させるために消費税を大増税し続けてきた、というのが真実である。

2009年の総選挙で野田佳彦氏は、「シロアリを退治しないで消費税を上げるのはおかし

税収構造の大転換

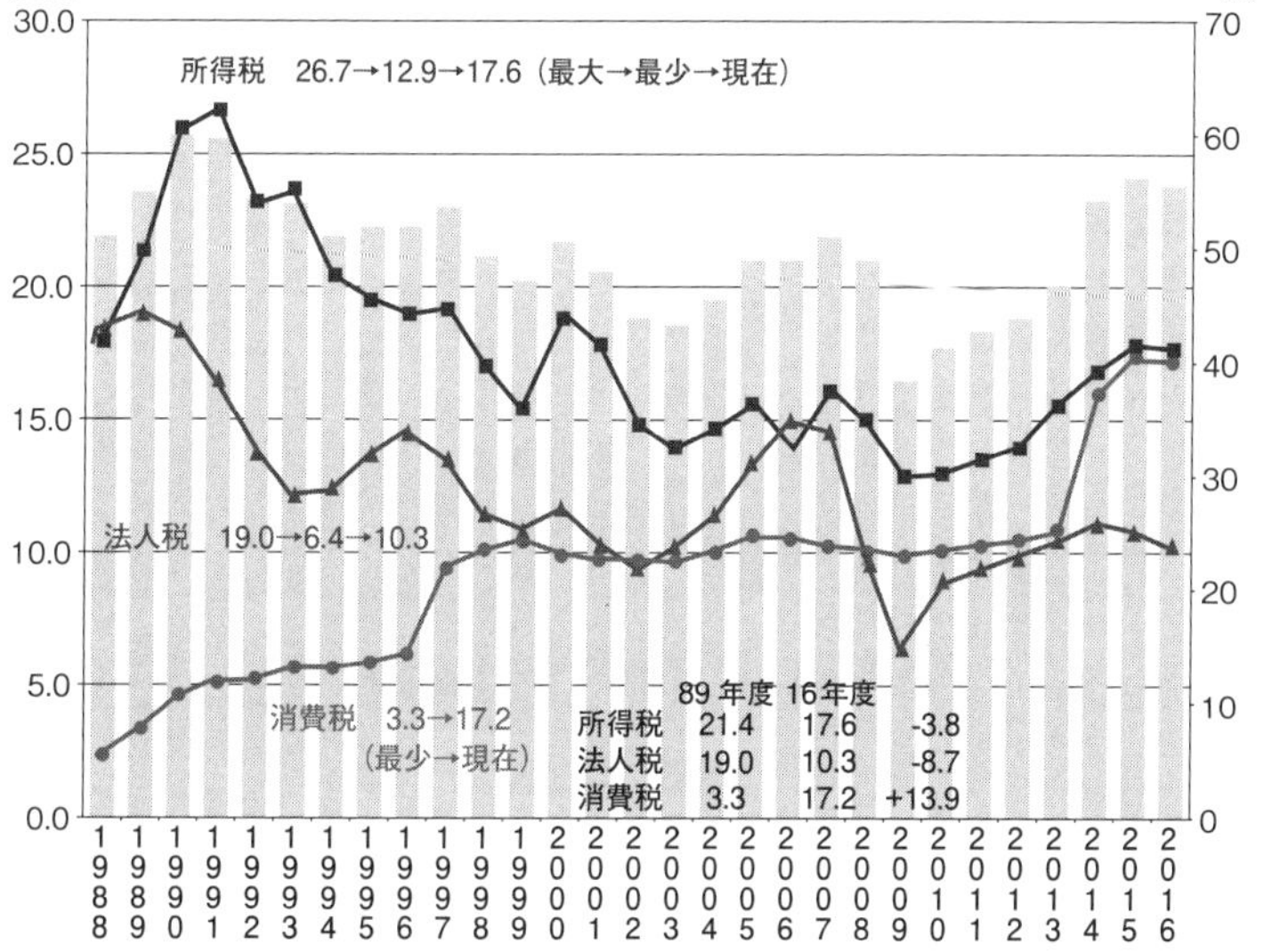

い」と声を張り上げた。しかし、その野田佳彦氏が、シロアリを1匹も退治しないで消費税増税に突き進んだ。これで日本経済が、完全停滞経済に転落してしまったのである。

日本の財政が危機に直面しているという話も、完全な「虚偽情報＝フェイクニュース」である。

日本政府の債務残高は2015年末で1262兆円だった。たしかに1000兆円を超す借金があるのは事実だ。しかし、もっと重要な事実が存在する。それは、日本政府の資産残高が1325兆円あるという事実だ。つまり、日本政府は差し引き63兆円の資産超過なのである。

したがって、日本財政は危機にはない。シロアリを退治せずに消費税を引き上げな

一般政府期末貸借対照表勘定（単位：10億円）

項　　　　目	2015年末
非金融資産	**690,549.2**
生産資産	573,193.7
非生産資産	117,355.5
土地	113,312.5
金融資産	**634,378.4**
持分・投資信託受益証券	197,242.2
その他の金融資産	248,881.5
土地	
期末資産	**1,324,927.6**
負債	**1,262,336.9**
借入	166,374.5
債務証券	**1,007,982.3**
正味資産	**62,590.7**

ければならない理由は皆無である。

さらに、消費税には致命的な欠陥がある。これを推進すると、日本経済の息の根が止まる。日本経済が１９９７年や２０１４年に深刻な不況に転落した最大の理由は、消費税増税の強行実施にあった。消費税増税で個人消費が激しく落ち込んだのである。

消費税は究極の二重課税である。人々が消費をする元手の所得は、「可処分所得」と呼ばれるものだ。「可処分所得」とは、「収入」から「税金や社会保険料」を差し引いたもので「課税後所得」である

消費税は「課税後所得」を消費に振り向けたときに、もう一度、税金をかけるものであるから「究極の二重課税」なのである。

法人企業の内部留保が史上空前の規模に達しているので、企業の内部留保に課税し

所得税率構造の推移

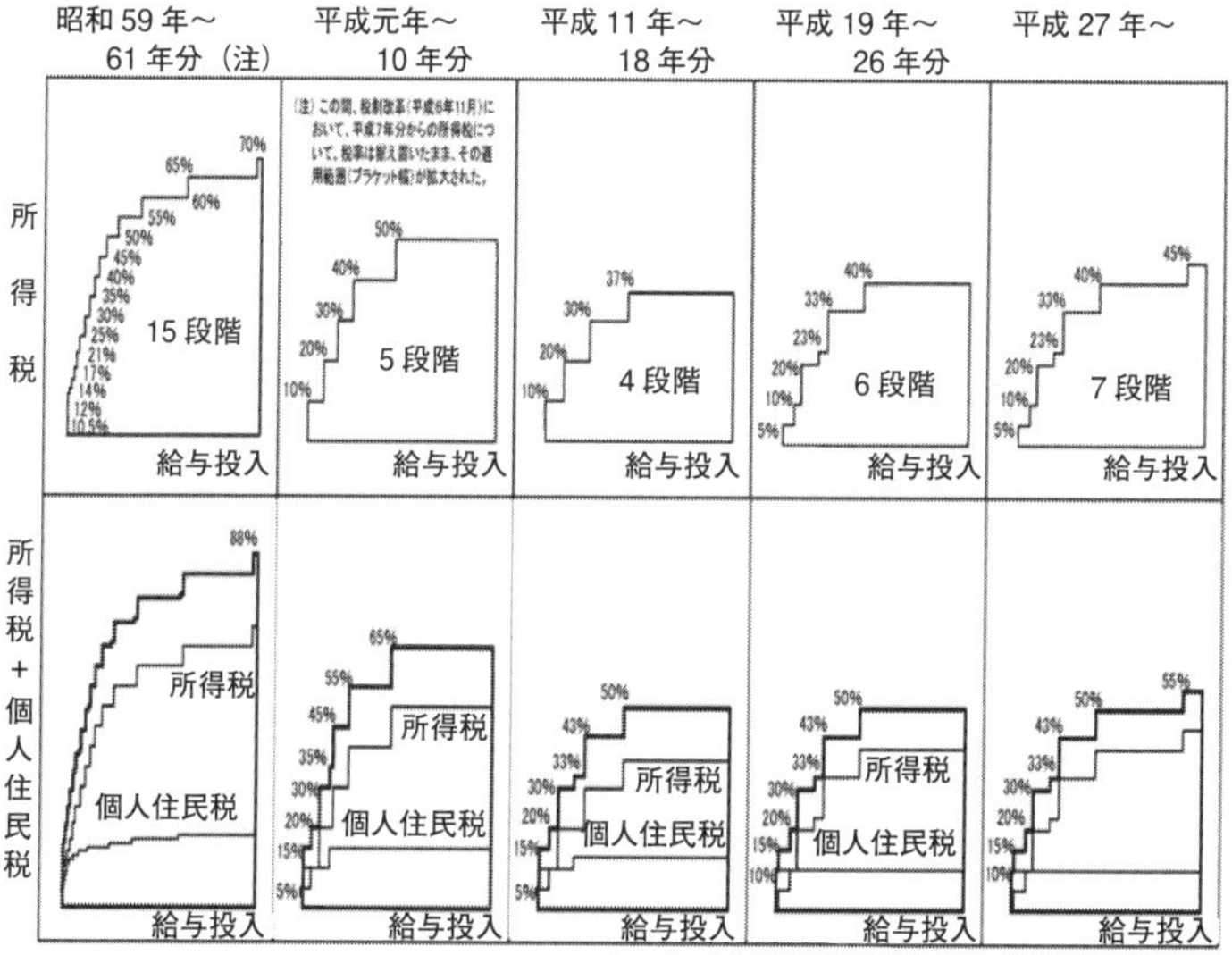

てはどうかとの声があるが、これに対する反論の第一は、「内部留保課税は二重課税だから良くない」というものである。

たしかに、内部留保課税は二重課税である。しかし、消費税も二重課税なのだから、二重課税を理由に内部留保課税だけ否定するのはおかしい。

消費税は、個人が可処分所得を消費に回す際に課税する税金だから、「消費懲罰税」の性格を有している。消費税が個人消費を抑圧するのは、当然のことだ。何しろ、消費したら「罰金」のように「税金」をむしり取るのだから、個人は可能な限り、消費を抑制しようとする。景気が悪くなるのは、当たり前のことなのである。

これに対して、企業の内部留保に課税すると、企業は納税額を減らすために、

法人税率の推移

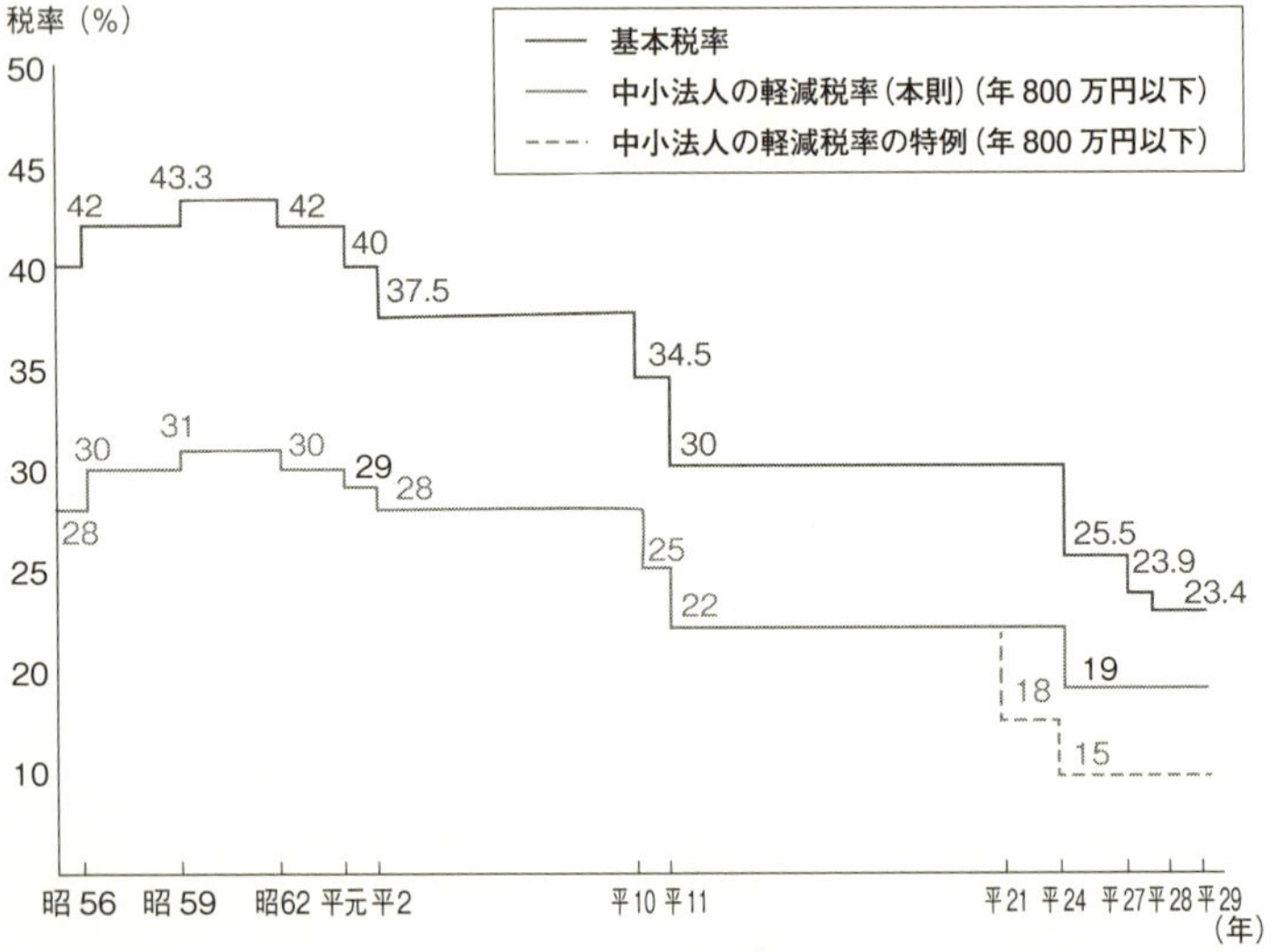

・支払う賃金を増やす
・設備投資を増やす
・役員報酬を増やす
・株主への配当を増やす

といったことを行うと考えられるから、景気にはプラスの作用が生まれる。消費税増税より内部留保課税のほうが、はるかに良い制度変更なのだ。

消費税を減税して、能力に応じた負担を強化するべきだ。課税後の分配所得をできるだけ平準化すると、必ず個人消費が増える。分配政策を抜本的に改変することにより、日本経済の基調を強化するべきである。

さらに言えば、1・3兆ドルの外貨準備資金を日本円に換金するべきである。日本政府の米国国債保有は、日本政府による米国政府への融資＝貸付であって、日本政府

日本政府保有外貨準備残高推移

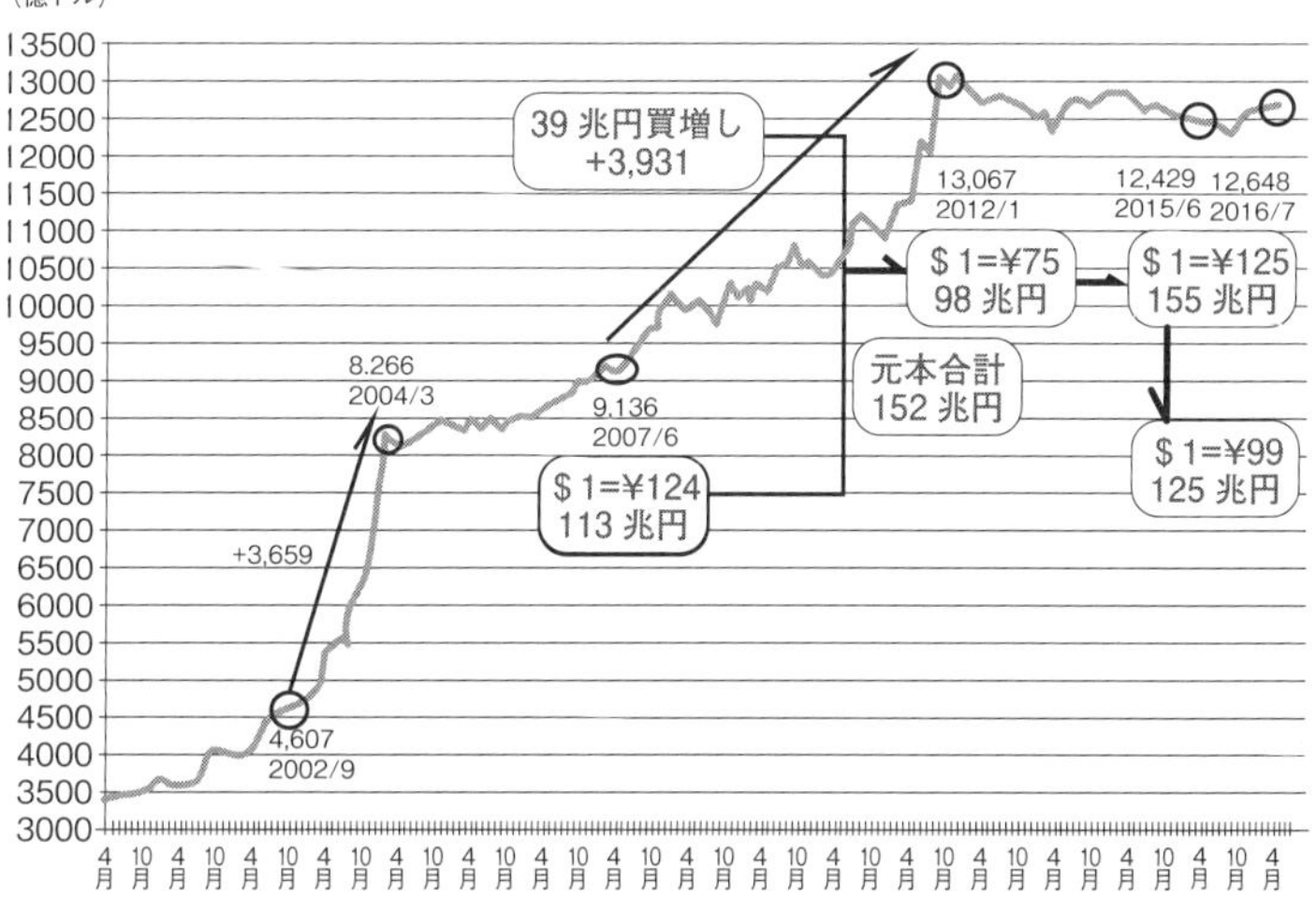

は貸付資金の回収を行うべきである。日本政府は、これまで、この貸付金の返済を受けたことがないばかりでなく、米国に対して回収を打診したことすらない。

米国は、この１４０兆円の資金を日本政府からの上納金＝みかじめ料であると解釈しているはずだが、そのような解釈を許してよいわけがない。ドルの水準が高い間に、日本政府は保有米国国債を全額売却して、日銀に買い付け資金を返済するべきである。

日本政治の現実と未来

前回の２０１４年総選挙比例代表選挙で、自公に投票した主権者の比率は24・７％だった。自公以外に投票した主権者は28・０％だ。しかし、獲得議席数は自公が68・４％、自公以外が

31・6%だった。

主権者のなかで、自民党に投票した人はわずか17・4%（比例代表）、6人に1人しかいなかったのだ。しかし、自民党は総議席数の61・1%も占有した。主権者の意思を正確に国政に反映するには、それぞれの政党、政治勢力が選挙制度を踏まえた戦術を取る必要がある。

2017年10月22日に実施された総選挙は、本来は、森友学園、加計学園を巡る安倍政権による便宜供与疑惑、利益供与疑惑について、主権者である国民が判断を下すためのものであった。また、安保法制＝戦争法制の是非、憲法改定の是非について、主権者が判断を下すための選挙であった。

さらに、安倍首相は解散を決めた際の記者会見で、2019年10月に消費税増税を実施することを前提に、その使途を見直すことの是非を国民に問うと述べた。しかし、使途の変更の是非の前に、消費税増税の是非を問わなければならない。

また、原発再稼働の是非も国民にとって極めて重要かつ重大な政策判断事項である。

戦争法制・憲法改定、原発再稼働、そして消費税増税の是非を主権者が判断する、極めて重要な選挙でもあった。

ところが、選挙直前に小池百合子東京都知事を代表とする小池国政新党「希望の党」が創設され、民進党がこれに籠絡《ろうらく》されたために、総選挙の当初の意味が完全に失われてしまった。

小池新党が単なる自公補完勢力として創設されたのであれば、自公支持票が割れるだけの効果にとどまったが、前原誠司氏が民進党内で適正な説明、論議、手続きを踏まずに、自公補完勢力としての小池国政新党への合流を独断専行で強行したために、すべてが壊れてしまった。

小選挙区制の下で3つの勢力が戦うことになると、民意が選挙結果に反映されない事態が生じてくる。今回の総選挙の争点である、「森友加計疑惑」に対する安倍政権の対応の是非、戦争法制・憲法改定、原発再稼働、そして消費税増税の是非について、本来は、主権者の判断が現実の政治に反映されることが重要なのだ。

仮に、主権者の多数が戦争法制廃止・憲法改悪阻止、原発再稼働反対、消費税増税反対の意思を有している場合でも、この方針を明示する政治勢力が分立してしまう場合、そうした主権者の意思が現実政治に反映されないことが生じる。

安倍政治NOの候補者が2人、安倍政治YESの候補者が1人、同じ選挙区から立候補したとする。YESの候補者が40％、NOの候補者が35％と25％の票を得たとしよう。小選挙区の選挙で当選するのは得票数の多いYESの候補者になる。このとき、NOの候補者に投票した60％の主権者の意思は国政に反映されないことになる。死票になってしまうのだ。

小選挙区制には、この問題が付きまとう。

フランスでは大統領選挙も議会選挙も、この問題を解消するために、ある方法が用いられている。実際の運用はやや複雑なので、簡略化して説明すると、その方法は、1回目の投票で単独過半数を確保する候補者が出ない場合、上位2者による決選投票が行われるというものだ。

つまり、主権者の過半数の支持を得た候補者が当選する仕組みを用いている。

先ほどの例では、40％得票のＹＥＳ候補と35％得票のＮＯ候補による決選投票を実施する。安倍政治ＮＯの主権者が35％候補者に投票を集中させると、決選投票ではＮＯ候補が60％を得票して当選することになるわけだ。

日本でも、小選挙区制の選挙制度で、より正確に民意を国政に反映させるために、決選投票制度の導入を検討するべきだ。手間と費用がかかるが、民意を反映する政治を実現するためのコストだと考えれば、これは支払うべきコストであると言えるだろう。

今回の選挙に際して、前原誠司氏が民進党内の適正な手続きを踏まずに、これまでの野党共闘を独断専行で一方的に破棄するかたちで希望の党への合流を強引に実行したために、民進党が分裂した。筆者は一貫して、民進党の分離・分割の必要性を訴えてきた。本来は、民進党内の路線対立、すなわち水と油の同居状態が明確になった民進党代表選の時点で、円満な民進党分割、分離を決定するべきだったのだが、前原氏と枝野氏は適正な判断をすることができなかった。

しかし、前原誠司氏が横暴な独断専行の行動を取ったために、図らずも民進党の分離、分割が実現することになった。プロセスはともかく、ようやく必要な措置が取られたことになる。

この延長線上に、今後の日本の政党対立図式を適正に構築しなければならない。その基本は、中道左派勢力と共産党との連携によって二大勢力の一翼を担わせることだ。

自公の勢力が大きいときに、対抗勢力を大きく育てるには共産党の力が必要不可欠だ。中道右派と公明が手を組んで一つの勢力を構築する。他方、中道左派と共産党が手を組んで一つの勢力を構築する。

この二大勢力による政権交代のある政治状況が、いまの日本に望ましい政治体制である。

自民が公明と組んで、これに維新が加わっているときに、共産党を切り離して二大勢力の一角を作ろうとするところに、根本的な判断の誤りがある。

安倍政治に対峙する勢力のなかで、もっとも的確に問題を指摘し、もっともぶれずに行動し続けてきたのが共産党であることは、誰もが認めるところである。小選挙区の選挙では公明党や共産党のように、それぞれの選挙区で固い固定票を有している勢力の支援を仰ぐことは、極めて重要である。

これまで自民党が多数の議席を獲得してきたが、公明党の支援なしに議席を確保し続けられる候補は、ほとんどいない。公明党の固い固定票に支えられて、自民党候補者は議席を獲得しているのである。

このときに、安倍政治に対峙する勢力が共産党を切り離すというのは、根本的な戦術の間違いなのである。

基本政策がまったく一致しないというなら、共闘を組むことはできないだろう。しかし、原発、戦争法制、憲法改定、消費税問題などの最も重要で最も切実な問題において、共産党と基本判断を共有できるなら、連携し、共闘しないという選択肢はあり得ない。

そして、議会において多数勢力を確保した暁には、連立政権を樹立して、主権者に約束した政策公約を実現するのが、主権者に対する誠実で正しい行動であろう。公約に掲げた政策は、政権を獲得することにより初めて実現できる。

公約に明確な政策を掲げ、その政策を明示する勢力が議会過半数を確保しながら、政権を樹立しなければ政策を実現することもできなくなる。主権者は、政策を実現するために投票しているのであって、単なる人気投票を行っているわけではない。

今回の選挙では、民進党から分離・独立するかたちで立憲民主党が創設されたが、この新党を核にして、共産党をも含むリベラル勢力の結集を図り、政権交代の生じる二大勢力体制を構築する方向に野党再編を進めてゆく必要がある。このかたちでの、政権交代のある政治体制確立が、日本経済の健全な発展のためにも必要不可欠であると判断する。

本シリーズ2017年版
『反グローバリズム旋風で世界はこうなる』
収録注目銘柄の株価上昇率（%）

（日付は月／日／年）

テーマ	銘柄コード	銘　柄	掲載時株価	掲載後高値	高値日付	上昇率
資源	1605	国際帝石	899.4	1,306.0	12/12/16	45.2
	5713	住友鉱	1,333.5	4,376.0	10/23/17	228.2
	8058	三菱商事	2,229.5	2,705.5	2/2/17	21.4
新興国	5108	ブリヂストン	3,728	5,562	10/23/17	49.2
	8001	伊藤忠	1,330.0	1,919.0	10/23/17	44.3
素材	5711	三菱マテリアル	2,884	4,195	10/23/17	45.5
	5411	JFE	1,337.0	2,369.0	10/23/17	77.2
金融	8306	三菱UFJ	501.4	778.8	2/16/17	55.3
	8473	SBI	1,172	1,807	10/18/17	54.2
優良株	4543	テルモ	3,820	4,715	10/19/17	23.4
	7270	SUBARU	3,583	5,016	1/5/17	40.0
ロシア	1963	日揮	1,683	2,240	12/12/16	33.1
	1662	石油資源開発	2,036	3,040	12/12/16	49.3
デフレ	7532	ドンキホーテHD	3,955	4,730	10/23/17	19.6
	8227	しまむら	12,920	16,160	5/18/17	25.1

会員制レポート『金利・為替・株価特報』
掲載参考銘柄の掲載後４カ月内の
株価上昇率（％）一覧

（日付は月／日／年）

掲載号	銘柄コード	銘柄	掲載時株価	４カ月内高値	高値日付	上昇率
1/16/17	4666	パーク２４	3,115	3,195	2/28/17	2.6
	5711	三菱マ	3,720	4,030	1/26/17	8.3
	9983	ファーストリテ	38,010	38,820	5/12/17	2.1
1/30/17	5411	ＪＦＥ	2,025.5	2,258.0	2/22/17	11.5
	8316	三井住友	4,519	4,634.0	2/16/17	2.5
	9201	ＪＡＬ	3,654.0	3,784.0	3/14/17	3.6
2/13/17	1605	国際帝石	1,064.5	1,164.0	2/15/17	9.3
	4755	楽天	1,093.0	1,407.5	6/6/16	28.8
	9983	ファーストリテ	35,550	38,820	5/12/17	9.2
2/27/17	1928	積水ハウス	1,799.5	1,997.5	6/29/17	11.0
	9024	西武ＨＤ	1,958	2,227	6/2/17	13.7
	9843	ニトリＨＤ	12,930	17,300	6/6/17	33.8
3/13/17	2181	パーソルＨＤ	1,925	2,353	5/18/17	22.2
	4543	テルモ	3,935	4,580	6/5/17	16.4
	8316	三井住友	4,326	4,450	7/3/17	2.9
3/27/17	1926	ライト工	1,141	1,267	6/20/17	11.0
	5711	三菱マ	3,475	3,735	7/31/17	7.5
	9616	共立メンテ	3,320	3,575	6/23/17	7.7
4/17/17	1605	国際帝石	1,073.0	1,121.5	5/12/17	4.5
	2181	パーソルＨＤ	2,031	2,353	5/18/17	15.9
	9843	ニトリＨＤ	14,860	17,300	6/6/17	16.4
4/30/17	5711	三菱マ	3,350	4,010	9/1/17	19.7
	8316	三井住友	4,199	4,450	7/3/17	6.0
	9064	ヤマトＨＤ	2,409.0	2,569.0	5/1/17	6.6
5/15/17	2772	ゲンキー	3,035	5,160	9/8/17	70.0
	4689	ヤフー	484	528	8/17/17	9.1
	4755	楽天	1,161.0	1,407.5	6/6/17	21.2

掲載号	銘柄コード	銘柄	掲載時株価	4カ月内高値	高値日付	上昇率
5/30/17	1928	積水ハウス	1,911.5	1,997.5	6/29/17	4.5
	2371	カカクコム	1,587	1,682	7/11/17	6.0
	8591	オリックス	1,784.5	1,869.0	8/6/17	4.7
6/12/17	5713	住友鉱	1,353.5	4,376.0	10/20/17	223.3
	6301	コマツ	2,719.5	3,584.0	10/23/17	31.8
	9616	共立メンテ	3,430	3,575	6/23/17	4.2
6/26/17	3048	ビックカメラ	1,168	1,447	10/19/17	23.9
	3543	コメダ	1,837	1,938	8/8/17	5.5
	6367	ダイキン工	11,300	12,180	10/23/17	7.8
7/18/17	5711	三菱マ	3,440	4,195	10/23/17	21.9
	8058	三菱商事	2,393.5	2,633.0	9/26/17	10.0
	8306	三菱ＵＦＪ	727.1	744.7	10/17/17	2.4
7/31/17	3543	コメダ	1,839	1,938	8/8/17	5.4
	5411	ＪＦＥ	2,098.0	2,369.0	10/23/17	12.9
	9843	ニトリＨＤ	15,600	18,230	9/14/17	16.9
8/15/16	2678	アスクル	3,420	3,570	9/15/17	4.4
	4543	テルモ	4,370	4,715	10/19/17	7.9
	9551	メタウォーター	2,898	3,170	9/28/17	9.4
8/28/17	5711	三菱マ	3,770	4,195	10/23/17	11.3
	6172	メタップス	3,330	4,740	10/13/17	42.3
	6674	ＧＳユアサ	529	608	10/4/17	14.9
9/11/17	1605	国際帝石	1,067.0	1,225.0	9/28/17	14.8
	2705	大戸屋ＨＤ	2,019	2,052	10/10/17	1.6
	6752	パナソニック	1,482.5	1,683.0	9/21/17	13.5
9/25/17	8306	三菱ＵＦＪ	719.4	744.7	10/17/17	3.5
	8703	KABU.COM	335	360	10/23/17	7.5
	9024	西武ＨＤ	1,847	2,016	10/19/17	9.1
10/16/17	5411	ＪＦＥ	2,200	2,369	10/23/17	7.7
	5711	三菱マ	3,945	4,195	10/23/17	6.3
	9843	ニトリＨＤ	16,140	17,010	10/26/16	5.4

注目すべき株式銘柄〈2018〉

株価は2017年10月20日終値

■5411 JFE

現在 **2,313.0**円
(2017/10/20)

粗鋼生産世界9位。JFEスチールを軸に商事やエンジニアリングを展開。韓国、中国等に提携先あり。国内需要堅調。原料高の価格転嫁進み、採算改善。経常益大幅改善。世界経済回復、円安傾向残存なら収益環境好転へ。

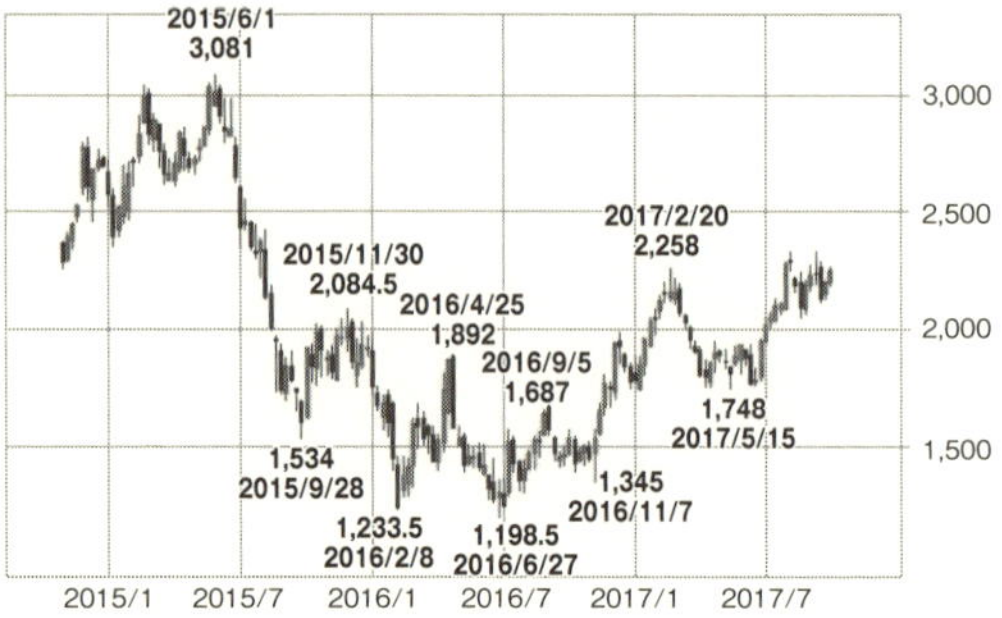

■5711 三菱マテリアル

現在 **4,100**円
(2017/10/20)

セメント、銅、加工、電子材料の4セクターに特化した経営。セメントは米国好調で増勢保ち、銅市況底打ちで製錬も堅調。超硬工具も海外で在庫調整進み回復。半導体装置向け電子材料も向上。世界経済好転で株価反発傾向持続。

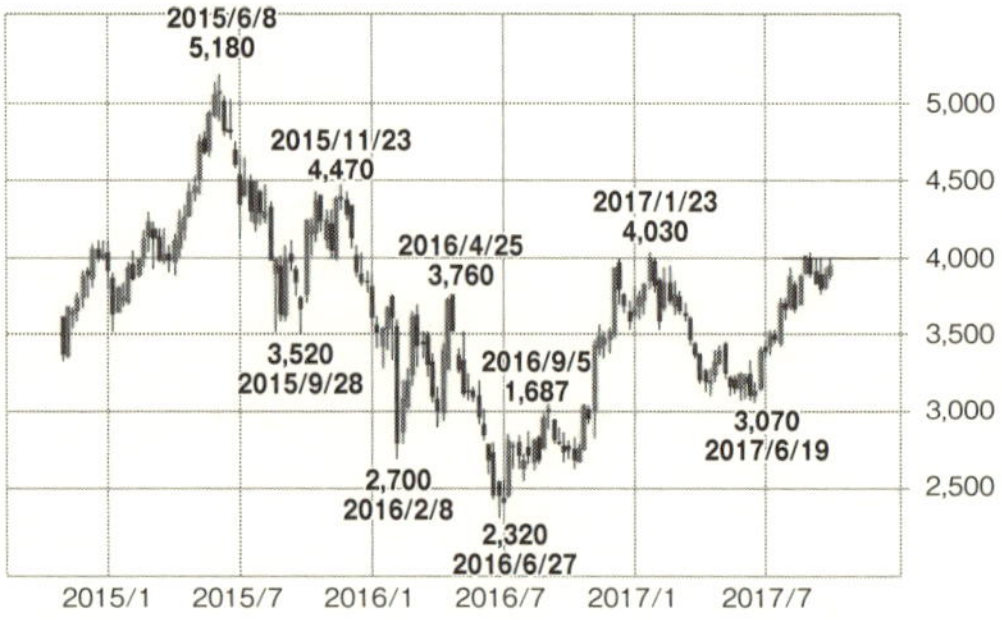

■6367 ダイキン工

現在 **11,955**円
(2017/10/20)

エアコン世界首位。国内は業務用でトップ。主力の空調機器で国内堅調。海外も販売網強化で伸長。中国・格力電器と多面提携。フッ素化学事業も展開。中国と北米が牽引し、減価償却費や研究開発費増こなし連続最高益。押し目を狙う。

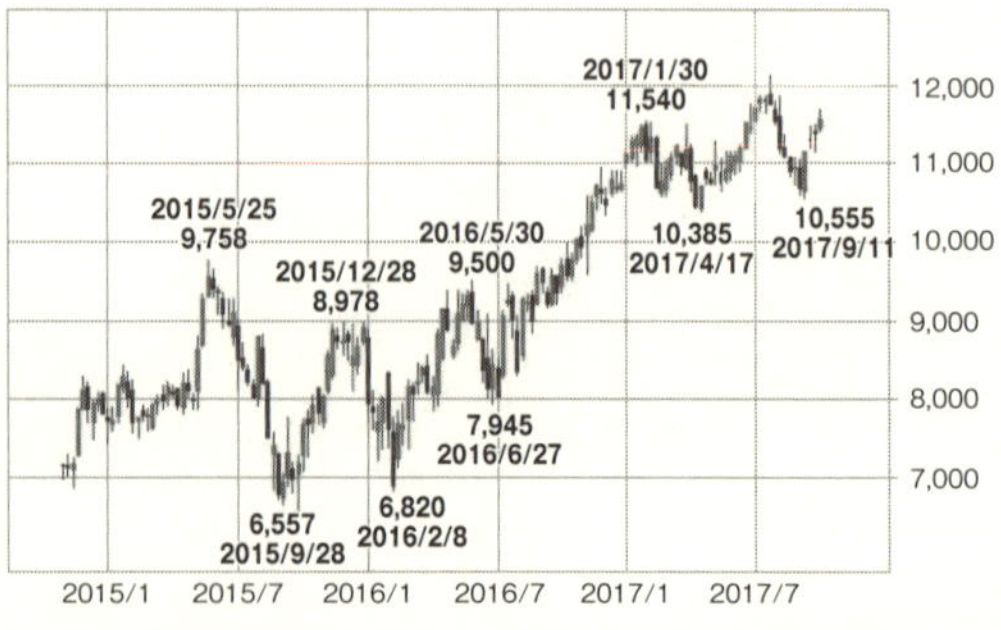

優良株

■6752 パナソニック

現在 **1,637円**
(2017/10/20)

総合家電大手。AV機器、白モノ家電が主力。電池などデバイス事業、照明、住宅設備も展開。主力の車載は電子部品数量増。家電も高価格帯白モノ家電の好調で続伸。EV電池に加えテスラ向け太陽電池を今秋生産開始。

■7267 ホンダ

現在 **3,428円**
(2017/10/20)

4輪世界7位で北米が収益源。2輪は世界首位。環境対応を強化。世界6極体制。四半期配当。開発費増加や年金会計処理影響剥落で営業減益。19年以降発売新型車にモジュラー戦略導入を検討。EVは専門組織始動で開発加速。

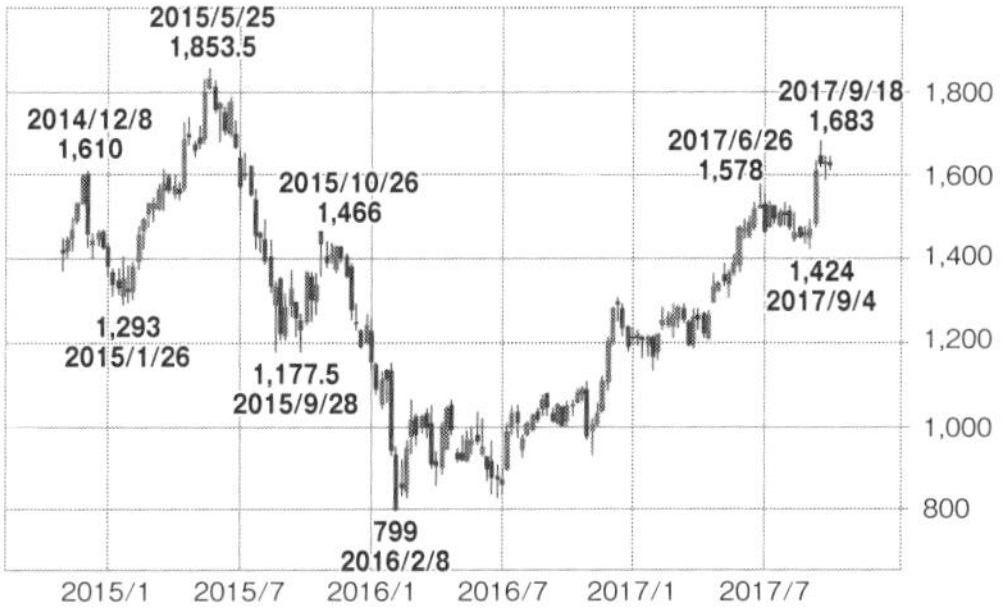

フィンテック・金融

■5711 8306 三菱UFJ

現在 **727,8円**
(2017/10/20)

国内最大民間金融グループ。銀行、信託、証券、カード、リース等。米州・アジアでの展開進む。主力の貸出・有価証券運用利回り低下響く。商業銀行はオンライン決済サービス会社に資本参加。信託会社資産運用会社買収を計画。

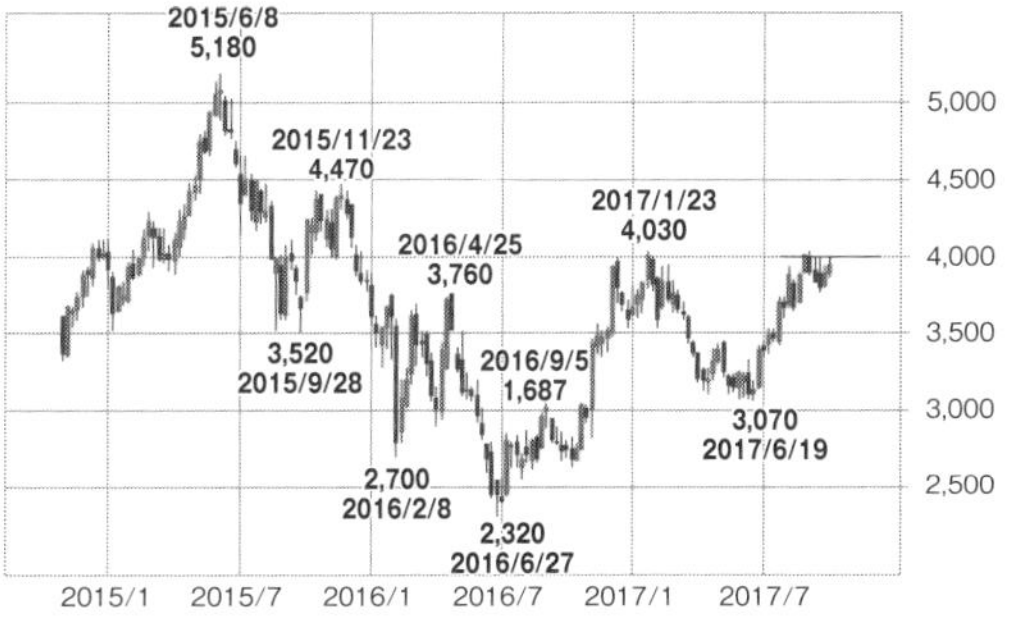

■8591 オリックス

現在 **1,330.0円**
(2017/10/20)

総合リース国内首位。事業多角化、海外展開は業界で突出。メガソーラー、米韓投資先の売却益、海外船舶・航空機積み上がる。調達金利貸倒費用は低位安定。神戸空港コンセッション来期寄与。会計ビッグデータ活用新金融サービス着手。

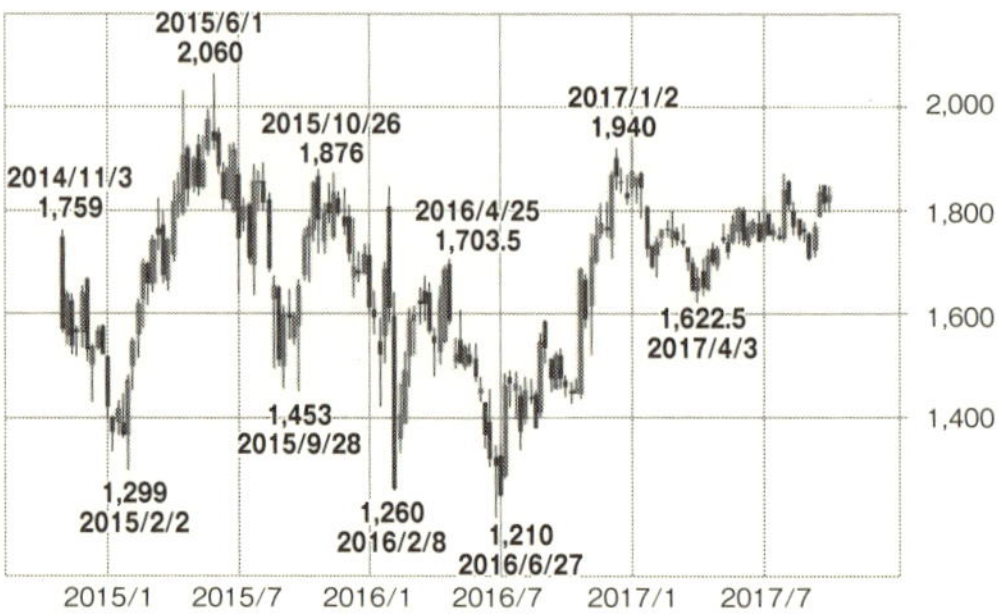

■8750 第一生命HD

現在 **2,094.5円**
(2017/10/20)

生保大手。契約者数約800万人。M&Aで海外事業急拡大。人件費負担重く純利益反落。長期金利上昇で資金運用環境は好転だが、国内債運用金額大きく金利上昇局面では債券評価損発生のリスク。金融環境にらみ機敏に対処。

■9843 ニトリHD

現在 **16,860円**
(2017/10/20)

全国トップの家具・インテリア製造小売りチェーン。開発輸入品が8割。海外に自社工場。営業益続伸で連続最高益。中国は今期中に倍増の21店以上へ。右肩上がり相場を形成している。押し目を狙い吹き値を売る戦略で。

フィンテック・金融

ビジネスモデル

ビジネスモデル

■9983 ファーストリテ

現在 36,520円
(2017/10/20)

世界第3位SPA大手。『ユニクロ』を世界展開。急成長『ジーユー』が第2の柱。中国好調。国内は新商品積極投入、値引き抑制で粗利率改善。連続営業増益。経常利益は16年8月期からV字回復。業況変化精密に見極めて。

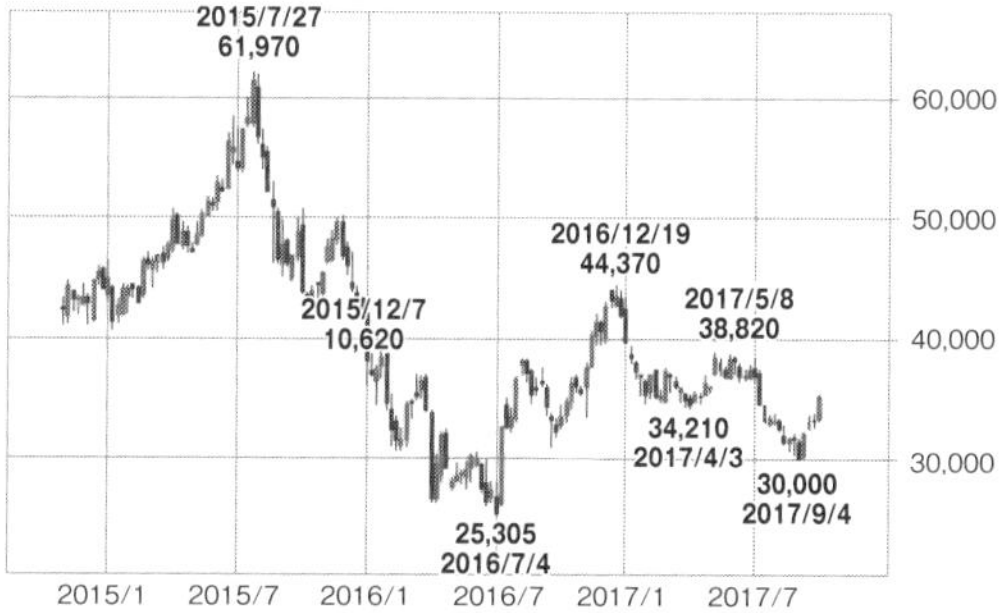

ビッグデータ・システム

■4307 NRI

現在 4,365円
(2017/10/20)

野村証券系SI。コンサル、システム開発・運用の一貫体制。顧客は金融機関と流通業中心。金融向けで不採算案件発生も、流通向けなど産業IT好調。ビッグデータ活用、子会社によるブロックチェーン診断サービス始動。

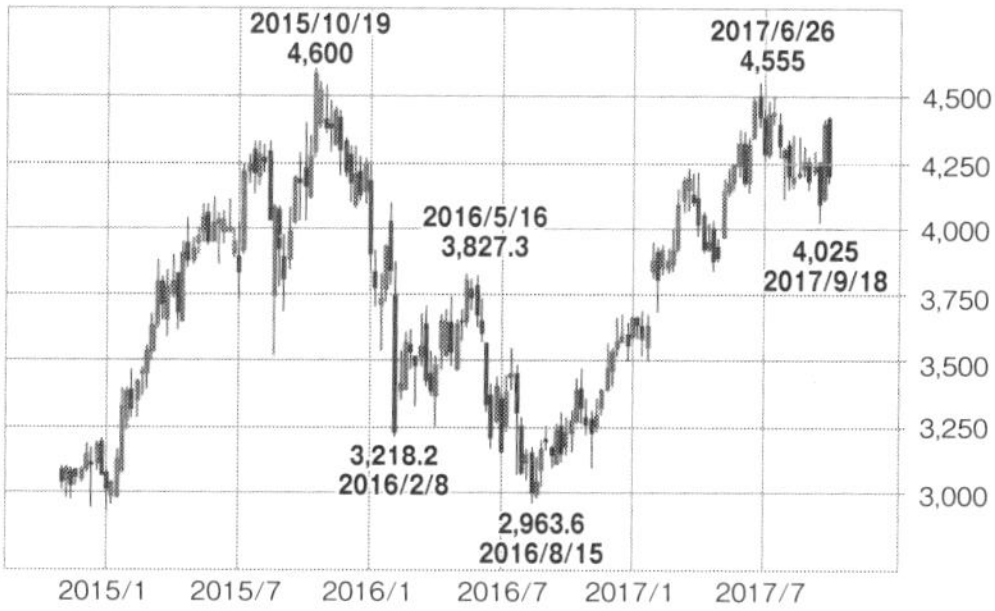

■4768 大塚商会

現在 7,340円
(2017/10/20)

情報サービス大手でSIから保守までの一貫体制。中堅・中小に強み。オフィス通販『たのめーる』も併営。5期連続最高益。企業の生産性向上ニーズ高くSIが続伸。自社HP内でAIを利用した自動会話システム導入。

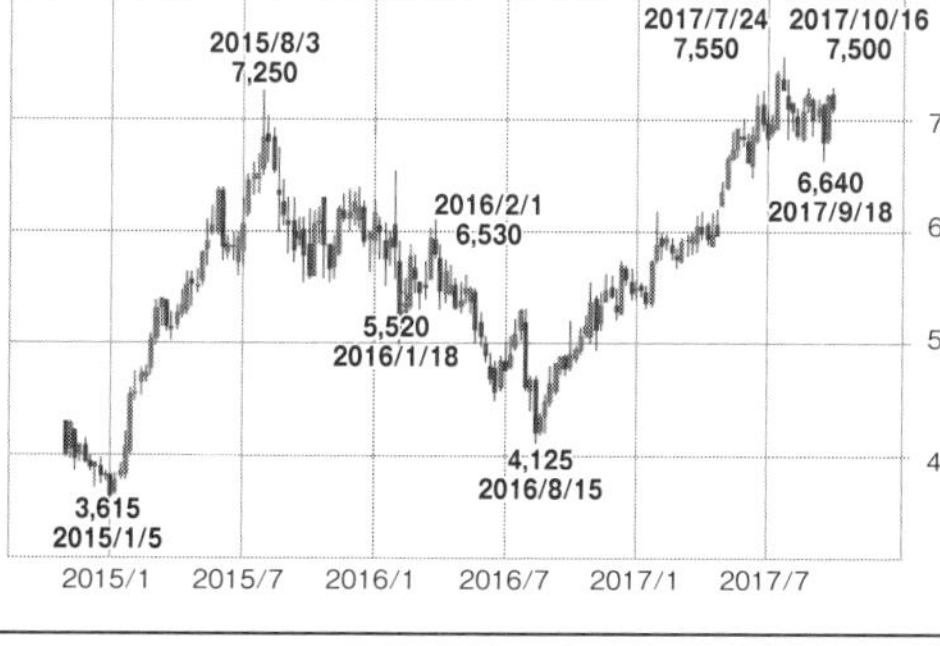

■6273 SMC

現在 **40,700円**
(2017/10/20)

FA空圧制御機器で世界首位。国内シェア6割、海外3割。顧客の業種は幅広く収益基盤厚い。柱の空圧制御機器は半導体製造装置やスマホ製造向けに受注なお高水準でフル操業続く。自動車や工作機械向け等も増勢。

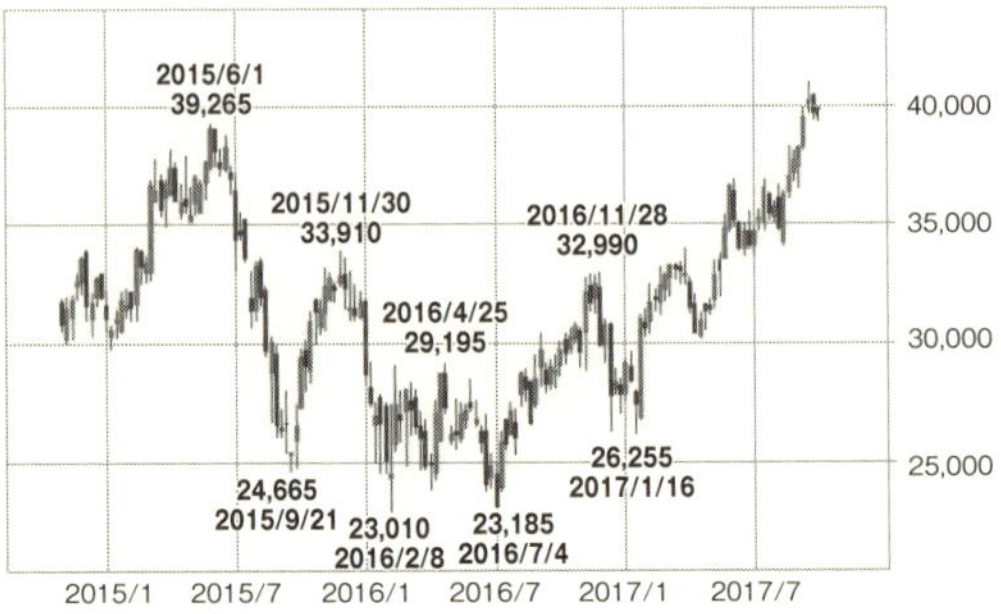

■6324 ハーモニックドライブ

現在 **5,540円**
(2017/10/20)

精密制御減速装置が主力。減速装置に各種駆動装置組み合わせのメカトロ製品を柱に育成強化。ロボット・半導体製造装置向け急伸し6月末受注残前年比大幅増。日米欧3極で新素材・新機構を共同開発。増収増益基調。

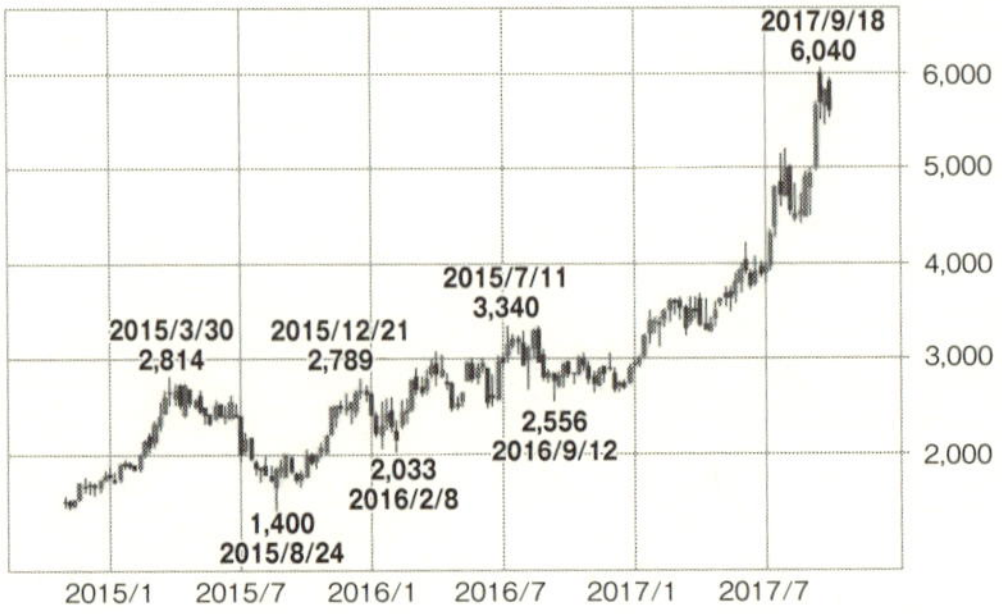

■6954 ファナック

現在 **25,000円**
(2017/10/20)

工作機械用NC（数値制御）装置世界首位。産業用ロボや小型マシニングセンタも。配当性向60％。ロボドリルのスマホ向け特需発生。ロボットが海外中心に受注高水準。NC装置も中国設備投資需要想定超でフル操業。

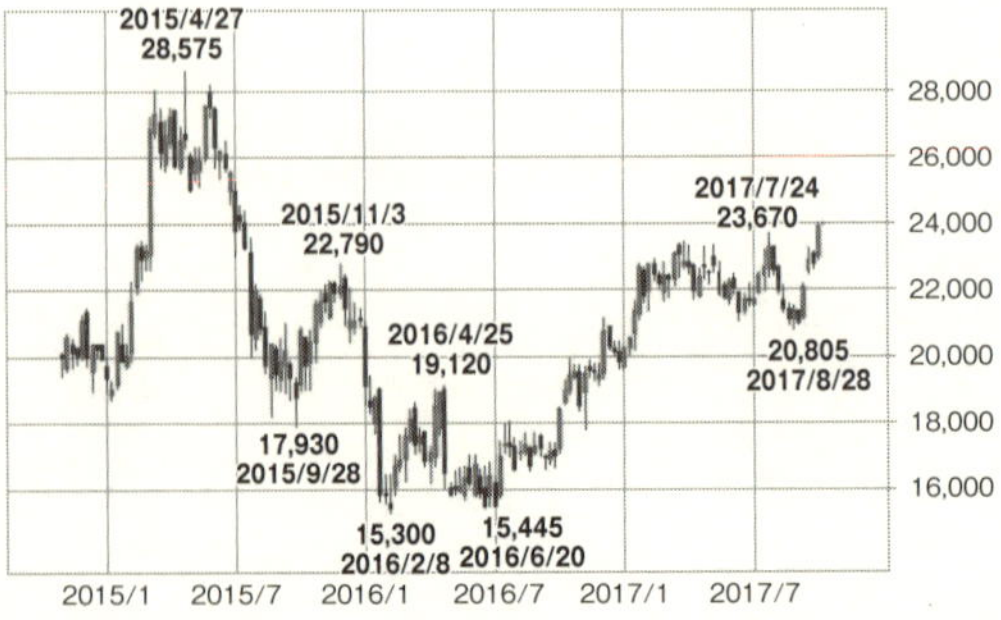

●著者略歴
植草　一秀（うえくさ・かずひで）
1960年、東京都生まれ。東京大学経済学部卒。大蔵事務官、京都大学助教授、米スタンフォード大学フーバー研究所客員フェロー、早稲田大学大学院教授などを経て、現在、スリーネーションズリサーチ株式会社=TRI代表取締役。金融市場の最前線でエコノミストとして活躍後、金融論・経済政策論および政治経済学の研究に移行。現在は会員制のTRIレポート『金利・為替・株価特報』を発行し、内外政治経済金融市場分析を提示。政治情勢および金融市場予測の精度の高さで高い評価を得ている。政治ブログおよびメルマガ「植草一秀の『知られざる真実』」は多数の読者を獲得している。1998年日本経済新聞社アナリストランキング・エコノミスト部門1位。2002年度第23回石橋湛山賞（『現代日本経済政策論』岩波書店）受賞。「オールジャパン平和と共生」運営委員。
『反グローバリズム旋風で世界はこうなる』『日本経済復活の条件』『日本の奈落』（以上、ビジネス社）『日本の真実』（飛鳥新社）、『アベノリスク』（講談社）、『「国富」喪失』（詩想社）など著書多数。

TRIレポートについては、下記URLを参照のこと。

スリーネーションズリサーチ株式会社
URL：http://www.uekusa-tri.co.jp
E-mail：info@uekusa-tri.co.jp
ブログ：植草一秀の『知られざる真実』
http://uekusak.cocolog-nifty.com/
メルマガ：植草一秀の『知られざる真実』
http://foomii.com/00050

あなたの資産が倍になる

2017年11月22日　第1刷発行

著　者　植草 一秀
発行者　唐津 隆
発行所　株式会社ビジネス社
〒162-0805　東京都新宿区矢来町114番地 神楽坂高橋ビル5階
電話　03-5227-1602　FAX　03-5227-1603
http://www.business-sha.co.jp

印刷・製本／三松堂株式会社　〈カバーデザイン〉尾形忍（Sparrow Design）
〈本文組版〉茂呂田剛（エムアンドケイ）
〈編集担当〉大森勇輝　〈営業担当〉山口健志

ISBN978-4-8284-1990-9